体育院校大学生创新创业指导

李爱民 黎竹娟 王艳茹◎主编

北京体育大学出版社

策划编辑：郝　彤　孙思学
责任编辑：郝　彤
责任校对：李光源
版式设计：李　鹤

图书在版编目（CIP）数据

体育院校大学生创新创业指导 / 李爱民，黎竹娟，王艳茹主编. -- 北京 : 北京体育大学出版社，2023.1（2024.8重印）
ISBN 978-7-5644-3731-2

Ⅰ. ①体… Ⅱ. ①李… ②黎… ③王… Ⅲ. ①大学生－创业－高等学校－教材 Ⅳ. ①G647.38

中国版本图书馆CIP数据核字(2022)第159194号

体育院校大学生创新创业指导　**李爱民　黎竹娟　王艳茹　主编**
TIYU YUANXIAO DAXUESHENG CHUANGXIN CHUANGYE ZHIDAO

出版发行：北京体育大学出版社
地　　址：北京海淀区农大南路1号院2号楼2层办公B-212
邮　　编：100084
网　　址：http://cbs.bsu.edu.cn
发 行 部：010-62989320
邮 购 部：北京体育大学出版社读者服务部 010-62989432
印　　刷：北京昌联印刷有限公司
开　　本：787mm × 1092mm　1/16
成品尺寸：185mm × 260mm
印　　张：12.5
字　　数：298千字
版　　次：2023年1月第1版
印　　次：2024年8月第2次印刷
定　　价：39.00元

编委会

主　编： 李爱民　黎竹娟　王艳茹

副主编： 谢有长　黄　航　宁　陶　黎智达

编　委：（按姓氏笔画排序）

韦苏纹　韦宛辰　方　安　朱晓东

刘义飞　苏　芳　李华娟　李倩影

时　丹　何　培　余向昀　邹如意

黄桂春　曹甜甜　梁菲菲　覃雪洁

曾　莹

前　言

习近平总书记在党的二十大报告中强调，“教育、科技、人才是全面建设社会主义现代化国家的基础性、战略性支撑”“必须坚持科技是第一生产力、人才是第一资源、创新是第一动力，深入实施科教兴国战略、人才强国战略、创新驱动发展战略，开辟发展新领域新赛道，不断塑造发展新动能新优势”。高校已经成为国家创新体系的重要力量，我们要始终坚持服务国家创新驱动发展战略，把创新创业教育贯穿高等教育的全过程，为国家培养有创新创业意识和能力的时代新人。

2021年，全国高等学校学生信息咨询与就业指导中心成立教材课题研究组，在全国开展编写具有地区、行业和学校特色的就业创业教材的工作，面向本地区、本行业和学校推广应用，广西体育高等专科学校积极申报并获得立项。在全国高等学校学生信息咨询与就业指导中心的指导下，本课题组全面开展了教材编写工作。经过近一年多的努力，在北京体育大学出版社的大力支持下，本教材即将出版。

本教材在对体育院校的专业特点和体育类大学生的学情进行深入分析的基础上，力图实现以下两方面的突破：一是全面夯实体育院校大学生创新创业理论基础，更新观念，培养创新创业意识，促进专业教育与创新创业教育有机融合，提升创新能力和创业素养；二是将创新创业基础理论教学与大学生创新创业大赛以及创业项目孵化实操相结合，探索构建体育院校大学生创新创业教学新模式。本教材采用“以学生为中心”的开放式教育教学理念，优化创新创业教育资源和教育环境，设置课前、课中、课后各环节的教学任务，让学生主动探索和发现创新创业知识和价值，并采用主动建构的方式开展学习。

本教材共分为八章，各章由理论知识介绍，案例思考，拓展阅读，小测试，复习思考题，讨论性问题，实践性问题等内容组成。第一章内容为在创新创业中追梦新时代；第二章内容为发现商机，抓住创业机会；第三章内容为体育院校大学生要用好创业资源；第四章内容为如何把握市场规律；第五章内容为正确认识创业者；第六章内容为认识与防控创业风险；第七章内容为创业实操；第八章内容为大学生创新创业大赛。本教材选编多篇国内外创新创业经典案例和拓展阅读材料等，为同学们学习实践提供参考。

编者在编写本教材的过程中得到了广西大学生创业就业研究会等单位的大力支持，在此表示感谢。本教材难免有不完善之处，敬请广大读者予以批评指正。

编者

2022年12月5日

·目　　录·

第一章　在创新创业中追梦新时代

◆ 本章学习目标

1. 了解创新创业的时代意义。
2. 熟悉创新与创业的基本内涵和逻辑关系。
3. 掌握培养创新创业意识的方法和建立正确的职业发展观。

第一节　创新改变世界和未来

习近平总书记在党的二十大报告中指出："必须坚持守正创新。我们从事的是前无古人的伟大事业，守正才能不迷失方向、不犯颠覆性错误，创新才能把握时代、引领时代。"[1]当前，我们正以中国式现代化全面推进中华民族伟大复兴，这种前无古人的伟大实践，必将给经济社会发展提供强大动力和广阔空间。在"大众创业、万众创新"的时代背景下，经济的增长动力已从要素驱动、投资驱动转向创新驱动。创新创业人才的培养作为创新驱动发展的基础和保障，具有十分重要的时代意义。

一、创新和创新思维的概念

（一）创新的概念

创新，是指以现有的思维模式提出的有别于常规或常人思路的见解，或利用现有的知识和物质，通过创意和改进，创造出新的事物、方法、元素、路径、环境，并能获得一定有益效果的行为。

创新是引领发展的第一动力。抓创新就是抓发展，谋创新就是谋未来。综合国力的竞争归根结底是创新的竞争。在激烈的国际竞争中，唯创新者进，唯创新者强，唯创新者胜。美

[1] 习近平. 高举中国特色社会主义伟大旗帜　为全面建设社会主义现代化国家而团结奋斗：在中国共产党第二十次全国代表大会上的报告[EB/OL].（2022-10-25）[2022-12-05]. http://www.gov.cn/gongbao/content/2022/content_5722378.htm.

籍奥地利经济学家约瑟夫·阿罗斯·熊彼特（Joseph Alois Schumpeter）在1912年出版的《经济发展理论》一书中最早提出“创新”一词，并形成“创新理论”，认为“创新”是“建立一种新的生产函数”，也就是把一种从来没有过的关于生产要素和生产条件的“新组合”引入生产体系。创新包括五种形式：引进新产品、采用新技术、新生产方法、开辟新市场、获得原材料新来源和实现企业组织的新形式。

自20世纪60年代起，管理学家们开始将创新引入管理领域。被誉为“现代管理学之父”的彼得·F. 德鲁克（Peter F. Drucker）于《动荡时代的管理》一书中提出创新的含义，即有系统地抛弃昨天，有系统地寻求创新机会，在市场薄弱的地方寻找机会，在新知识萌芽时期寻找机会，在市场的需求和短缺中寻找机会。任何使现有资源的财富创造潜力发生改变的行为都可以称之为创新。在这之后，许多学者也对创新进行了研究，形成了不同的认识，如创新是开发一种新事物的过程；创新是运用知识或相关信息创造和引进某种有用的新事物的过程；创新是对一个组织或相关环境的新变化的接受等。由此可见，创新概念包含的范围很广，可以说各种能提高资源配置效率的新活动都是创新。其中，既有涉及技术性变化的创新，如技术创新、产品创新、过程创新，也有涉及非技术性变化的创新，如制度创新、政策创新、组织创新、管理创新、市场创新、观念创新等。如今，“创新”一词已扩展到了社会的方方面面，如理论创新、经营创新、教育创新、学习方法创新等。

（二）创新思维的概念

创新思维，是指以新颖独创的方法思考解决问题的思维过程。这种思维常常以超常规甚至反常规的方法、视角去思考问题，提出与众不同的解决方案，从而产生新颖的、独到的、有社会意义的思维成果。

创新思维的本质在于将创新意识的感性愿望提升到理性的探索上，实现创新活动由感性认识到理性思考的飞跃。创新思维是一种开创人类认识新领域、获得新成果的思维活动，一般表现为发明新技术、形成新观念、提出新方案、做出新决策、创建新理论等。思路决定出路，创新思维是创造力发挥的前提，也是一个人、一个单位、一个地区、一个国家提高竞争力的法宝。现代社会的竞争日益激烈，参与竞争最重要的就是要靠点子、靠思路、靠特色、靠创新。因此，创新思维对培养高素质人才非常重要。创新是开放性的，并不局限于发明全新的东西，旧的东西以新的形式出现或以新的方式结合也是创新。

◎ 案例思考

创新思维能有效解决问题

爱迪生年轻时，别人认为他缺乏科学知识，都不怎么看得起他。普林斯顿大学数学系毕业生阿普拉曾与爱迪生一起工作，他常在卖报出身的爱迪生面前炫耀自己的学问。为了让阿普拉变得谦虚稳重，也为了让阿普拉对科学有真正的认识，爱迪生决定给他出个难题。

有一天，爱迪生把一只玻璃灯泡交给阿普拉，请他计算灯泡的体积是多少。在数学上，只有少数形状规则的物体，像正方体、长方体、球体、锥体等以及它们的组合体，能很快计算出体积。有些物体的体积虽然能计算，但很复杂；而那些形状不规则物体的体积，是很难计算出来的。阿普拉拿着那个玻璃灯泡一看，灯泡是梨形的，心想："虽然计算起来不容易，但还是难不住我！"

他拿出尺子量了又量，并依照灯泡的式样画了草图，然后列出密密麻麻的计算式。尽管他算得非常认真，但这个灯泡的体积实在太难计算了，过了一个多小时，他也没算出来。

又过了一个多小时，爱迪生想看看他计算得怎么样了。只见阿普拉还在低着头列算式，根本没有快要完成的样子。爱迪生不耐烦了，他拿过玻璃灯泡，沉在洗脸池的水中，将灯泡灌满了水，接着将灯泡内的水咕嘟咕嘟地倒在量杯里，看着量杯的读数，对阿普拉说，就是这么多毫升，问题解决了，阿普拉这才恍然大悟。

解决问题首先要选择正确的方法，而方法的选择要根据对问题的具体分析。阿普拉不做分析，一头钻进数学计算中，而爱迪生却选择了更简单的实际测量的方法，用创新思维快速解决了问题。

资料来源：佚名.爱迪生巧算灯泡体积[EB/OL].（2020-11-21）[2022-03-04]. https://www.jinchutou.com/p-152074685.html?fs=1.

◎ 案例思考

从体操王子到中国李宁

他的人生铸有两座"丰碑"，一座是世界体操史上至今无人能敌的神话，另一座是他自创品牌成为民族体育产业第一人的商业奇迹。

他是"体操王子"李宁，也是"商业巨子"李宁，更是"打不倒"的李宁。

20世纪60年代，出生在广西柳州一个教师家庭的李宁，6岁时被父母送去练体操，8岁便进入自治区体操队接受系统训练。天赋异禀，再加上后天的刻苦努力，刚进队两年，他便获得了全国少年体操锦标赛自由体操冠军。1980年，因为成绩突出，17岁的李宁正式进入国家队，接受更加全面、专业的训练。

在1982年第六届世界杯体操赛上，李宁迎来了体操生涯的第一个高光时刻——独揽男子个人全能、自由体操、鞍马、吊环、跳马、单杠6枚金牌，成为世界体操史上的奇迹。一战成名的他，被誉为“体操王子”。

1984年洛杉矶奥运会，是中国重返奥林匹克大家庭后参加的第一届奥运会，中国的运动员开始走上国际竞技体育大舞台，国人尤其关注体操项目。就在这一年，李宁迎来了运动生涯的巅峰——21岁的他拿下了3金2银1铜共6枚奖牌。李宁的强势夺冠，让世界上更多人看到了新中国正在发生翻天覆地的变化。

1985年，李宁当选1984年度全国十佳运动员。在这一年，他加入了中国共产党，从此多了一重身份，也扛起了一名党员的责任。

20世纪80年代是属于李宁的体操时代，他共获得过14个世界冠军，合计106枚国内外重大比赛的金牌。李宁独创的吊环和双杠等动作都被国际体操联合会以他的名字命名。李宁成了中国人的骄傲和战无不胜的标杆。

退役后的李宁加盟广东健力宝集团，创立了“李宁”体育用品品牌。他以赞助1990年亚运会中国代表团为机遇，开始了李宁公司的经营业务，从而开创了运动员自创中国体育用品品牌经营的先河。从“一切皆有可能”到顺应“体育+科技”的商业潮流不断创新、出圈，“中国李宁”如今已成为时髦、大胆、新潮的代名词，成为备受青年追捧的“国货之光”。

资料来源：李姣梦.从体操王子到中国李宁[J].当代广西，2021(12)：45.

二、创新的基本模式和类型

（一）创新的基本模式

熊彼特认为，创新是一个经济范畴，可以把已发明的科学技术引入企业之中，形成一种新的生产能力。从经济学角度分析，创新是生产要素的重新组合，其目的是获取潜在的利润。创新通常有以下五种模式：一是引入一种新的产品或服务，这种产品或服务是以往没有出现过的；二是使用某种新的生产方式，这种新的生产方式并不需要建立在新的科学发明基础之上，而是以新的商业方式来处理同一个产品；三是开辟一个新的市场，就是让产品引入以前没有进入过的市场；四是获得一种原料或半成品的新的供给来源；五是实现企业组织的新形式。

◎ 案例思考

Keep健身平台的创新商业模式

成立于2014年年底的Keep是一家具备社交属性的健身平台，拥有3亿多用户，会员数量超过1 000万。Keep的主体用户定位是数量众多的零基础“健身小白”用户，解决用户没时间去健身房、健身房费用高、无健身器械、无私教指导、健身攻略质量参差不齐等痛点，根据用户健身场景、目的、器械不同，提供多样化训练方案，帮助“健身小白”用户快速入门。

Keep通过自主研发的App为用户提供公司产出的各种针对性训练以及相关的要点讲解，线上内容除了超过1 200套的自主研发课程，还引入帕梅拉、周六野、灵魂健身杨老师等头部健身KOL（关键意见领袖），引进Zumba、莱美等海外内容IP，并开通健身直播课，逐步扩大运动服务边界。

除了线上内容，Keep业务还覆盖运动品牌消费品、线下运动空间 Keepland等，为用户打造精细化的运动体验和多元化的健身场景，提供“吃穿练用”多品类解决方案。2020年，公司消费品业务的营收年销售额达到10亿元人民币，卖出超百万条瑜伽垫，成为新锐国货运动品牌。Keep推出的智能动感单车，“双十一”期间在同类产品中的成交额排名第一。

从商业模式来看，Keep采用类似全球最大的健身平台Peloton的模式，以优质内容吸引用户，然后通过收费会员、健身课程、健身类消费品销售等方式进行变现。2021年1月， Keep宣布完成3.6亿美元新一轮融资，投后估值达20亿美元（约合人民币130亿元），进一步巩固了运动科技领域的独角兽地位。

Keep创始人王宁是一位“90后”创业者，毕业于北京信息科技大学计算机专业。他希望可以通过Keep帮助更多的人爱上运动，科学运动，改善人们的运动生活方式。2016年，王宁入选2017福布斯中国30位30岁以下精英榜名单 。2021年，王宁被评为“2021最具创新力量创始人”。

资料来源：杜仲.Keep VS Peloton：烧钱IPO，健身无巨头[EB/QL].（2022-03-04） [2022-04-05]. https://www.163.com/dy/article/H1KMF9NT05198R91.html.

（二）创新的类型

美国德布林咨询公司在研究了近2 000个创新案例后，开发出“创新的十种类型”框架，具体如下。

1. 盈利模式创新

盈利模式创新就是推行定价的新策略和打法。出色的盈利模型反映了对客户和用户实际价值，以及新收入和定价机会可能所在的深度了解。盈利模式创新的参考实践包括：广告支持、灵活定价、会员、按用量计费使用、平台。

2. 网络创新

网络创新为企业提供了一种利用他人的流程、技术、产品、渠道和品牌的方式。网络创新是企业与他人合作以提高其市场竞争力的任何方式。网络创新的参考实践：联盟、开放式创新、供应链整合、二级市场。

3. 结构创新

结构创新侧重于以独特的方式组织公司资产（硬件资产、人力资产和无形资产）。结构创新可以提供出色的竞争优势，因为它本质上很难复制。结构创新不仅需要高级领导人的强大投入支持，而且需要重大的组织变革。尽管它可能很难实现，但结构创新可以使企业更加高效、员工更加满意，如果做对了，组织会更加健康。结构创新的参考实践：能力中心、企业大学、知识管理、外包。

4. 流程创新

流程创新涉及企业主要产品生产和经营活动。流程创新使企业能够以比竞争对手更及时或更具成本效益的方式生产其产品或服务，或以更便于客户获得或取悦的方式交付产品或服务。流程创新通常是专有技术或代表公司日复一日开展业务执行的本质。流程创新的参考实践：众包 、柔性制造、精益生产、按需生产。

5. 产品性能创新

产品性能创新解决公司产品的价值、功能和质量。尽管对客户来说也许是最可见的，但是产品性能创新通常只能在有限的时间内提供竞争优势，因为它很容易被竞争对手复制。产品性能创新的参考实践：增加功能、环保功能、功能聚合、性能简化。

6. 产品系统创新

产品系统创新使用户认为他们需要额外的或附属的组件来完美地补充他们已经享用的东西。这种类型的创新植根于单个产品和服务如何连接或捆绑在一起以创建健壮且可扩展的系统。这是一种在彼此不同且完全不同的产品之间建立有价值的联系的方式。产品系统创新的参考实例：配件、扩展程序 / 插件、模块化系统、产品或服务平台。

7. 服务创新

服务创新使产品更易于尝试、使用和享受。它揭示了客户可能忽略的特性和功能，并且解决了问题、平滑了客户旅程中的粗糙补丁。服务创新之所以强大，是因为当一家企业提供创新服务时，它将其产品从单纯的产品转变为体验。创新的服务使客户感受到某种方式，并将这些积极的体验与给定的产品相关联。服务创新的参考实例：贵宾服务、忠诚度计划、个性化服务。

8. 渠道创新

渠道是客户访问产品或服务的方式。渠道创新是与客户建立联系的新方式，可以更有效地推动销售，增加利润或增加品牌知名度并建立积极的联系。渠道创新确保用户能够以最小的摩擦和成本以及最大的乐趣购买所需的物品、时间和方式。渠道创新还可以通过间接分销等方法将销售外包来减轻浪费的时间或精力。渠道创新的参考实例：旗舰店、多层次营销、快闪售点。

9. 品牌创新

品牌创新可以将商品转化为有价值的产品，并为企业及其产品赋予意义、意图和价值。当实现时，品牌创新可以成为战略差异。品牌创新的参考实践：认证、组件品牌、自有品牌、价值取向。

10. 客户互动创新

客户互动创新都是为了了解客户或用户的深层次愿望，并利用这些见解在客户和企业之间建立有意义的联系。客户互动创新正以数字化方式进行，尤其是通过社交媒体。这些创新增强了整体客户体验，往往使复杂的任务变成简单、奇妙的体验。客户互动创新的参考实践：社区和社群、体验自动化、体验简化、赋能。

◎ 拓展阅读

什么是溢价？

溢价对很多人来说是比较陌生的。因为我们平时在买东西的时候都是希望越便宜越好，那么什么是溢价呢？

简单来说，溢价就是出高价购买某一公允价值的商品。例如，农夫山泉都是2元钱一瓶，而你购买的时候则是花了3元钱，所以此时你是溢价了50%购买。当然，在金融市场中，溢价是指所支付的实际金额超过证券或股票的名目价值或面值。在基金上，它则专指封闭型基金市场的买卖价高于基金单位净资产的价值。

在一些投资中，很多人说该股还存在着溢价，可以继续持有。而这指的就是该股后期还有多大的涨幅空间。另外，关于溢价有一点需要注意，那就是股票市场的发行，几乎全部都是溢价发行的，所以股票的发行溢价代表了市场对该股票的预期，是公司发展向上的一个代表指标。这就是溢价。

资料来源：佚名. 什么是溢价？溢价的含义[EB/OL].（2020–06–19）[2022–08–23]. http://www.southmoney.com/zhishi/chaogurumen/6025246.html.

▼ 小测试

1. 你对创新和创新思维是怎么理解的呢?

2. 创新包括哪些基本模式和类型?

第二节　创业实现人生价值

2017年8月，习近平总书记在给第三届中国“互联网+”大学生创新创业大赛“青年红色筑梦之旅”的大学生回信中，对青年创新创业群体提出殷切期望：“希望你们扎根中国大地了解国情民情，在创新创业中增长智慧才干，在艰苦奋斗中锤炼意志品质，在亿万人民为实现中国梦而进行的伟大奋斗中实现人生价值，用青春书写无愧于时代、无愧于历史的华彩篇章。”党的二十大描绘了全面建设社会主义现代化国家、全面推进中华民族伟大复兴的宏伟蓝图，为新时代新征程党和国家事业发展、实现第二个百年奋斗目标指明了前进方向、确立了行动指南，也为大学生创新创业、实现人生价值开辟了广阔的天地。

一、创业的概念和内涵

在我国，创业一词最早出现于《孟子·梁惠王下》，书中载：“君子创业垂统，为可继也。”意指有德的君子创立功业，传之子孙，正是为着一代代地继承下去。18世纪，经济学家理查德·坎蒂隆（Richard Cantillon）最早使用“企业家（Entrepreneur）”一词来指那些在寻求机遇的过程中扮演积极承担风险角色的人。如今，一般把创业定义为不拘泥于当前的资源约束、寻求机会、进行价值创造的行为过程，是开发和实现其内在价值的过程。作为一个行为过程，可以从以下三个方面来理解创业的概念。

（一）创业需要突破资源约束

无数创业案例表明，大多数创业者在创业初期，甚至创业全过程都会经历资源约束的过程。这是因为，创业活动通常是创业者在资源高度约束的情况下所进行的从无到有、从零到一的财富创造过程。创业者往往需要通过技术创新和商业模式创新等方式对资源进行更为有效的整合，进而实现创业目标。换言之，创业者只有努力创新资源整合手段和资源获取渠道，才能真正摆脱资源约束的困境。因此，积极探求创造性整合资源的新方法、新模式和新机制，就成为创业的基本特性。

（二）创业需要寻求有效机会

机会是具有时间性的有利情况。创业通常离不开创业者识别机会、把握机会和实现机会的有效活动。创业者从创业起始就需要努力识别创业机会，只有发现了创业机会，才能更好地整合资源和创造价值。因此，一般认为寻求有效机会是产生创业活动的前提。

（三）创业需要进行价值创造

创业属于人类的劳动形式之一，劳动需要产生劳动成果，创业也需要创造劳动价值。创业的本质在于创新，因此，与一般劳动相比，创业更强调创造出创新性价值。在创业过程中，通过技术、产品或服务等方式的变革能更好地为消费者服务，促进社会的进步和发展，所带来的创新性价值也较高。创业是一个长期的过程，创业通常需要创业者付出比一般劳动更多的时间和努力，需要其承担更多的风险，更需要其具有坚韧不拔的毅力。当然，创业平台也是体育院校大学生锻炼自己能力、施展自己才干、实现自己梦想的大舞台。创业的成功会为其带来极大的成就感，创业的过程就是体育院校大学生实现自身价值的过程。

◎ 案例思考

我敢闯，我会创——鱼悦体育成功之路

覃新年，男，广西凌鲨健康产业集团有限公司董事长，2017年荣获“全国体育事业突出贡献奖先进个人”称号，2021年荣获“全国群众体育先进个人”称号。他是南宁市鱼悦游泳青少年体育俱乐部创始人。

1996年，覃新年就读于广西体育高等专科学校，曾担任过广西壮族自治区玉林容县体委业余体校游泳、蹼泳教练，1998年进入广西卫生厅幼儿园工作，经过多年摸索，他总结出一套幼儿游泳教学的新模式。

2016年，覃新年为了更好地发展青少年体育运动，推动体育产业的发展，决定辞去公职，全身心投入到南宁市鱼悦游泳青少年体育俱乐部。俱乐部紧跟国家步伐，坚持深化改革创新，在青少年游泳事业上创新务实地走出了一条从0～3岁、3～12 岁游泳教育创新模式，坚持以专业化、标准化、科学化进行运营，训练基地遍布云南、广东及广西等省和自治区。

随着业务越做越广，他与合作伙伴成立了凌鲨健康产业集团。该集团作为广西民营企业，拥有鱼悦体育、艺炫艺术、耐飞科技等多种产业链。鱼悦体育成为集团旗下健康产业的特色品牌，是国家体育总局体育行业国家职业资格培训基地、中国潜水滑水摩托艇联合会会员活动资格单位、广西体育职业教育集团理事单位、广西水上运动发展中心选材训练基地、广西体质监测与运动健康协会会员单位，并与多个高校成为校企合作单位。2022年又紧跟国家政策与母校联合办学，成立鱼悦产业学院。

覃新年充分结合个人、学校、行业、产业的需求和优势创办企业，紧跟国家政策及时调整企业发展方向，将游泳健身、休闲娱乐、商务模式完美融汇，经过十多年的深耕运营，鱼悦体育已成为广西规模最大、资历最深的水体艺术健身领航者。

二、创业需具备的要素

在人们对创业要素的认知和分析模型中，最为典型和公认的为蒂蒙斯模型。该模型提炼出了创业的三大关键要素，即创业机会、创业者及其创业团队和创业资源。一般认为，这三个关键要素是创业活动中不可或缺的。如果没有机会，创业活动就成了盲动，难以创造真正的价值，机会是普遍存在的，关键要看创业者及其创业团队能否有效识别和把握；创业者及其创业团队既要把握住合适的机会，又要拥有相应的资金和设备等资源，否则机会也就难以被开发和利用。

蒂蒙斯模型具有动态性，认为创业过程是三个要素之间相互作用、由不平衡向平衡方向转化的过程。随着创业活动的展开，要将创业机会、创业者及其创业团队和创业资源三者做出动态的调整。从创业过程角度来说，创业机会识别是创业的起点。创业过程就是围绕创业机会进行识别、开发和利用的过程。识别正确的创业机会是创业者及其创业团队应具备的重要技能。

三、创业的类型

创业活动涉及各行各业，创业者的创业动机千差万别，创业项目和领域多种多样，创业的类型也因此呈现多样化，本教材从以下不同角度进行分类。

（一）基于创业动机不同的分类

依据创业者的创业动机可以将创业分成生存型创业和机会型创业。2001年，《全球创业观察（GEM）报告》最先提出了生存型创业和机会型创业的概念。生存型创业是指创业者为了生计而相对被动进行的创业。其主要特征为：创业者受生活所迫，物质资源贫乏，在现有市场中捕捉机会，从事低成本、低门槛、低风险、低利润的创业。例如，我国改革开放初期的创业者以及下岗职工的创业行为大部分属于这种类型。机会型创业是指创业者为了追求商业机会、谋求更多发展而从事的创业活动。例如，李彦宏创办百度就是典型的机会型创业。他舍弃在美国的高薪岗位，毅然回国创业，主要原因是他发现和把握了互联网搜索引擎存在的巨大商机，他的创业目的是实现人生的更大发展。

（二）基于创业起点不同的分类

依据创业起点可分为创建新企业和企业内创业。创建新企业是指创业者及其创业团体从无到有地创建全新的企业组织。此过程充满机遇，但风险和难度也较大。企业内创业是指在已有公司或企业内进行创新创建的过程，如企业流程再造就是企业内创业的一种方式。

（三）基于创业者数量不同的分类

依据创业者数量可分为独立创业和合伙创业。独立创业是指创业者独立创办自己的企业。其优点在于产权归创业者个人所有，企业由创业者自由掌控，企业的决策迅速；缺点在于创业者要独自承担风险，创业资源整合比较困难，并且受个人才能的限制。合伙创业是指与他人共同创办企业，其优势和劣势与独立创业正好相反。

（四）基于创业项目性质不同的分类

依据创业项目性质可分为传统技能型创业、高新技术型创业和知识服务型创业。

传统技能型创业，是指使用传统技术、工艺的创业项目。例如，生产饮料、中药、工艺美术品、服装与食品加工等，这些独特的传统技能项目在市场上表现出经久不衰的竞争力。

高新技术型创业，是指知识密集度高，带有前沿性、研究开发性质的新技术、新产品创业项目。

知识服务型创业，是指为人们提供知识、信息的创业项目。当今社会，各类知识性咨询服务机构功能不断细化，数量不断增加，其中许多项目投资少、见效快，市场前景广阔。

（五）基于创业方向或风险不同的分类

依据创业方向或风险可分为依附型创业、尾随型创业、独创型创业和对抗型创业。

依附型创业既可以是依附于大企业或产业链而生存，在产业链中确定自己的角色，为大企业提供配套服务，也可以是特许经营权的使用。例如，利用某些品牌效应和成熟的经营管理模式进行创业。

尾随型创业，是指模仿他人所开办的企业和经营项目。一般是行业内已经有许多同类企业，创业者尾随他人，学着别人进行创业。

独创型创业，是指提供的产品或服务能够填补市场空白，可以是产品的完全独创，也可以是产品的某项技术独创。

对抗型创业，是指进入其他企业已形成垄断地位的某个市场，并与之进行对抗较量。例如，针对20世纪90年代初外商在中国市场上大量销售合成饲料的局面，希望集团建立了西南最大的饲料研究所，定位于与国外饲料争市场，最终取得了成功。

（六）基于创新内容不同的分类

依据创新内容可分为基于产品创新的创业、基于营销模式创新的创业和基于组织管理体系创新的创业。

基于产品创新的创业是指基于技术创新或工艺创新的成果，产生了新的消费群体，从而导致创业行为的发生。

基于营销模式创新的创业，是指采取了一种有别于其他厂商的市场营销模式，因而可能给消费者带来更高的满足感。

基于组织管理体系创新的创业，是指采取一种有别于其他厂商的企业组织管理体系，因而能更有效地实现产品的商业化和产业化。

四、创业的过程

创业的过程，是指由创业者从产生创业想法到创建新企业或开创新事业并获取回报，包括识别机会、组建团队、寻求融资等一系列活动组成的流程。创业的过程通常分为以下六个创业环节和四个创业阶段。

（一）创业环节

1. 产生创业动机

创业动机是创业的原动力，它推动创业者去发现和识别创业机会。创业活动的主体是创业者，创业活动首先取决于个人是否希望并决定成为创业者。当然，不少人是因为看到了创业机会，由于潜在收益的诱惑，产生了创业动机，进而成为一名创业者或创业团队成员。一个人能否成为创业者，主要受三方面因素的影响：一是个人特质。每个人都可能具有创业精神，但其创业精神的强度因人而异。强度的大小受遗传和环境因素的影响。例如，温州人的创业意愿相对强烈，其中环境因素起到了很大的作用。二是创业机会。创业机会的增多会形成巨大的利益驱动，促使更多的人尝试创业。社会经济转型、技术进步等多方面的因素在使创业机会增多的同时，也会降低创业门槛，进而促成更大的创业热潮。三是创业的机会成本。如果人们能从其他工作获得高收入和需求满足，创业意愿就低。

2. 识别创业机会

识别创业机会是创业过程的核心环节。识别创业机会包括发现机会来源和评价机会价值。识别创业机会应明确以下四个基本问题。

（1）从何而来？即创业者应该找到创业机会的来源。

（2）受何影响？即创业者应该找到影响创业机会的相关因素。

（3）有何价值？即创业者应该找到创业机会所具有的能被评价的价值。

（4）如何实现？即创业者应该明了能通过什么形式或途径使机会变成实际价值。

因此，创业者在识别创业机会阶段需要围绕以上四个基本问题进行多观察、多思考、多分析、多交流并采取有效行动，只有这样才能抓住创业机会。

3. 整合有效资源

整合有效资源是创业者开发创业机会的重要手段。一般情况下，创业者可以直接控制的可用资源往往很少，大多数创业者都会经历白手起家、从无到有的过程。对创业者来说，整合有效资源往往意味着需要借船出海，要善于尝试依靠盘活别人掌握的资源来帮助和实现自己的创业起步。人、财、物都是开展创业活动所必需的基本生产要素。创业者所需要整合的资源，首先是组建团队，凝聚志同道合的人；其次是进行有效的创业融资；最后是要有开展创业活动的基础设施，包括创业活动的场地和平台。创业是在创业者面对资源约束情况下开展的具有创造性的工作，会面临很大的不确定性，所以，创业者在创业初期乃至新企业成长的过程中，都要把主要精力放在资源的获取上，以解决企业的生存问题。此外，创业者还需要围绕创业机会设计出清晰的、有吸引力的商业模式，有时还需要制订详细的创业计划，并向潜在投资者陈述和展示，以获取更多的资源支持。

4. 创建新企业

新企业的创建是创业者创业行为最为直接的标志。创建新企业需要考虑企业制度设计、企业注册、经营地址的选择、确定进入市场的途径、是选择完全新建企业还是采取加入或收购现有企业等。需注意的是，许多创业者在创业初期迫于生存的压力，以及对未来缺乏准确预期，往往容易忽视这部分工作，为企业今后的发展留下了隐患。

5. 提供市场价值

创业者识别机会、整合资源、创建新企业等都是为了实现自己的创业目标，但真正能促成创业目标最终实现的是看创业者能否提供市场价值。这是创业过程中的重要环节，关系新企业的生存与发展。因此，创业者必须面对挑战，采取有效措施，使创业的市场价值得到充分实现，不断地让消费者受益，从而获得企业的长期利润，逐步把企业做大、做强。

6. 收获创业回报

收获回报是创业活动的主要目的，对回报的获取有助于促进创业者的事业发展。回报可能是多种多样的，对回报的满意程度取决于创业者的创业动机。调查发现，创业者的创业动机不同，对收获创业回报的态度和想法也有所不同。对于大学生创业者来说，获取回报最为理想的途径之一，就是把自己创建的企业尽快发展成为一家快速成长的企业。

（二）创业阶段

一个全过程的创业大致可分为四个阶段，即机会识别、资源整合、新企业的创办、新企业的生存和发展。综上所述，在创业过程所包含的环节中，产生创业动机、识别创业机会属于机会识别阶段，整合有效资源属于资源整合阶段，创建企业属于新企业的创办阶段，而提供市场价值、收获创业回报则属于新企业的生存和发展阶段。

新企业的发展可分为以下四个基本阶段。

1. 生存阶段

以产品、技术和服务来占领市场，重点是要有想法、会销售。

2. 稳定阶段

以规范管理来增加企业效益，这需要创业者提高思维层次，从基本想法提升到企业战略思考的高度。

3. 发展阶段

以产业化的核心竞争力为硬实力，依靠一个个团队的合作，构建子公司和整个集团的系统平台，通过系统平台来完成管理，把销售变成营销，把区域性渠道转变成地区性网络。

4. 成熟阶段

以一种无国界的经营方式构建集团总部，依靠一种可跨越行业边界的无边界核心竞争力，让企业发展达到更高层级。

◎ 拓展阅读

大学生创业的基本条件有哪些？

创业必备的条件包括：

1. 充分的资源（Resources）：包括人力和财力。创业者要有丰富的经验、学历、流动资金、时间、精神和毅力。

2. 可行的概念（Ideas）：生意概念不怕旧，最重要的是可行，有长久性、可以持续开发、扩展。

3. 适当的基本技能（Skills）：不是行业中的一般技能，而是通常性的企业管理技能。

4. 有关行业的知识（Knowledge）：不能只陶醉于自己的理想。

5. 才智（Intelligence）：创业者不一定要有高智商，但要能够善于把握时机去做出明确的决定。

6. 网络和关系（Network）：创业者如果有人帮助和支持，会为不断扩大朋友网络和维护好人际关系带来不少方便。

7. 确定的目标（Goal）：可使创业者少走弯路，有奋斗方向。

将以上七个条件的首个英文字母串起来，恰好是“RISKING”（冒险）一词，说明创业是伴随风险的。

资料来源：佚名. 创业的基本条件有哪些 [EB/OL].（2021-03-09）[2022-08-02]. https://wenda.so.com/q/1634841600210232.

五、创新与创业的逻辑关系

创新与创业是当今时代发展的主流，它们虽然含义不同，但是有着密不可分的内在联系。在新的时代背景下，二者的相互作用和集成融合日益明显。

（一）创新是创业的源泉和本质

创业者在创业过程中需要具有创新的意识和能力，只有这样，才能产生真正富有创意的想法和方案，才能不断寻求新的商业模式和新的市场出路，最终取得创业成功。

（二）创业是一个从无到有的创新过程

创业的核心是通过市场途径推出新的产品或服务，正是在此意义上，创业体现着创新的特质。

（三）创业是一种推陈出新的社会实践活动

无论是何种性质和类型的创业活动，都有一个共同的特征，即创业离不开创新或改良型的实践。创业的一个具体表征，就是企业不断地以生产新的产品或服务的方式取代某些相对落后的产品或服务。

（四）创业是主体高度自觉和自主的行为

在创业的过程中，创业者的主观能动性得到充分的调动，创业者的创新素养和能力等也会同时得到显著提升。

总之，创新与创业相互独立，并非对立。两者相辅相成、相互联系，表现为相互渗透、交叉和融合。创新是创业的基础，创业推动着创新。创新是建立一种新的生产函数，促进生产要素的“新组合”，而创业则是这种“新组合”的市场化或产业化。

第三节 做新时代的体育创业人

一、新时代对创新型人才素质的要求

所谓创新型人才，就是具有创新精神和创新能力的人才，他们通常表现出灵活、开放、好奇的个性，具有精力充沛、坚持不懈、注意力集中、想象力丰富及富于冒险精神等特征。新时代对创新型人才的素质要求主要体现在以下五个方面。

（一）可贵的创新品质

创新型人才必须是有理想、有抱负的人，具有进取精神、强烈的事业心和历史责任感等可贵的创新品质。只有具备成为创新型人才的强大精神动力，才能拥有敢闯、敢干、敢冒风险的大无畏勇气。

（二）坚韧的创新意志

创新是一个探索未知领域和对已知领域进行破旧立新的过程，充满各种阻力和风险，可能遇到重重困难、挫折甚至失败。因此，创新型人才每前进一步都需要非凡的胆识和坚韧不拔的毅力。创新型人才只有具备锲而不舍的精神，才能在创新活动中克服种种困难，最终实现自己的创业理想。

（三）敏锐的创新观察

历史上的科学发现和技术突破，无一不是创新的结果。从这个意义上来讲，创新就是发现，而且是突破性的发现。要实现突破性的发现，就要求创新型人才必须具有敏锐的观察能力、深刻的洞察能力、见微知著的直觉能力和一触即发的灵感，能不断地将观察到的事物与已掌握的知识联系起来，发现事物之间的必然联系，及时地发现别人没有发现的创业机会。

（四）丰富的创新知识

创新是对已有知识的发展，在人类知识越来越丰富和深奥的今天，要求创新型人才的知识结构既要有广度又要有深度。因此，创新型人才既要精通所学专业知识并能掌握行业发展趋势，同时还要了解相邻学科及必要的横向学科知识。创新型人才只有不断积累知识、开阔视野，才能进行创新实践。

（五）科学的创新实践

创新的过程是遵循科学、依据事物的客观规律进行探索的过程。创新型人才须具有严谨求实的工作作风，不能有半点马虎和空想；做到从实际出发，以科学的态度进行创新实践。

◎ 案例思考

青春在拼搏中绽放——“90后”大学生的体育创业路

“选择了体育行业，就是选择了拼搏向上。”这是“90后”小伙乔子禹创业以来最深刻的感受。从武汉体育学院毕业后，乔子禹当过游泳教练、体育老师，但他不甘于平淡的生活，毅然选择了创业之路。

出身大禹故里　儿时筑起体育梦

乔子禹出生在大禹故里——河南禹州的一个普通农村家庭，小时候的求学之路非常艰辛，从家到学校，每天都要步行一个多小时。由于师资力量薄弱、教学设备短缺，学校常年不开设体育、音乐等课程。

每当在电视上看到那些激动人心的体育赛事，看着运动健儿在赛场上尽情挥洒汗水，乔子禹便充满了无限向往，一颗体育梦的种子悄悄播撒在少年的心田。

考上禹州市无梁镇的一所中学后，乔子禹终于有机会上体育课了。由于体育成绩较好，乔子禹以特招的方式考入禹州市第二高级中学，还代表学校参加了禹州市的体育比赛，他的运动潜能被不断挖掘出来。

2012年，乔子禹以优异的成绩考入武汉体育学院体育教育专业，从此与体育结下了不解之缘。

辞职创业　让梦想落地生根

求学之路充满坎坷，创业之路并非一帆风顺。2016年大学毕业之后，乔子禹怀揣满腔热血，向父母借了8万元，和同学一起远赴江苏“做投资”。没想到，一腔热情打了水漂，乔子禹竟然被所谓的创业投资骗得血本无归。调整好心态之后，乔子禹辗转回到武汉找工作。2017年9月，他顺利进入武汉汉铁初级中学担任体育老师和副班主任。

在学校的工作和生活平淡且充实，乔子禹却不甘于平淡。2018年，乔子禹从学校辞职，告别了安逸稳定的工作生活，来到硚口创办了武汉禹航体育发展有限公司（以下简称“禹航体育”），走上创业之路。

禹航体育创办初期，乔子禹与社区合作开展羽毛球培训公益课堂，招收少儿和成人学员。同时，禹航体育还承包了不少室外游泳池，进行暑期防溺水知识讲座、游泳教学培训、泳池运营及管理等工作，收获了学员们的满满好评。

用体育人的拼搏精神　铸就青春底色

2020年，新冠病毒感染疫情打破了人们平静的生活，“宅”在家里两个多月后，人们对于运动健身的需求空前强烈，乔子禹也迅速从中嗅到商机。

武汉“解封”后，乔子禹第一时间联络各大体育场馆，达成合作意向。同时，禹航体育加大健身培训招生规模，培训学员数量增长迅猛，禹航体育规模也随之发展壮大。

如今，乔子禹创办的禹航体育已招收学员300多名，合作羽毛球馆和游泳池50多个，还可以对外提供场地出租，实现稳定收益。而乔子禹的公司也从硚口开到了老家禹州，为家乡的体育事业添砖加瓦。

在学习体育的这条路上，乔子禹吃过苦，在创业这条路上，乔子禹也走过不少弯路。但是他面对困难和失败永不言弃的精神，感动着身边的每一个人。

在乔子禹的人生哲学里，体育是拼搏的代名词，正是体育人的这种拼搏精神，让他的青春更加精彩，让他的梦想展翅高飞！

资料来源：佚名. 青春在拼搏中绽放：“90后”大学生的体育创业路[EB/OL].（2021-06-22）[2022-03-15]. https://www.sohu.com/a/473461921_121106908.

◎ 拓展阅读

大学生创新创业正迎来大好机遇

1. 新时代的大学生需要创新创业精神

知识经济是指知识在生产中占主导地位，以知识运营为经济增长方式、知识产业为龙头产业的一种新的经济形态。21世纪是知识经济的时代，这个时代的基本特征表现为知识型企业的大量涌现，并在经济活动中发挥着日益重要的作用。知识经济的基本特征包括以下几点：一是经济增长由高速转变为中高速；二是经济结构的不断优化升级，由粗放型发展逐步转入遵循自然规律的可持续发展、遵循经济规律的科学发展与遵循社会规律的包容性发展；三是经济发展的动力由要素驱动和服务驱动转到服务业发展及创新驱动。在这样的时代背景之下，创新创业的重要地位不断凸显，创新创业在推动传统企业的转型升级、新兴产业的发展、促进经济的增长上发挥着重要的作用。

2. 国家大力支持大学生创新创业

习近平总书记在党的十九大报告中指出，“加快建设创新型国家”，明确“创新是引领发展的第一动力，是建设现代化经济体系的战略支撑”，到2035年基本实现社会主义现代化，我国经济实力、科技实力将大幅跃升，跻身创新型国家前列。《国务院关于大力推进大众创业万众创新若干政策措施的意见》（国发〔2015〕32号）指出：“推进大众创业、万众创新，是发展的动力之源，也是富民之道、公平之计、强国之策，对于推动经济结构调整、打造发展新引擎、增强发展新动力、走创新驱动发展道路具有重要意义，是稳增长、扩就业、激发亿万群众智慧和创造力，促进社会纵向流动、公平正义的重大举措。”2021年9月，《国务院办公厅关于进一步支持大学生创新创业的指导意见》（国办发〔2021〕35号）指出：“要深化高校创新创业教育改革，将创新创业教育贯穿人才培养全过程，建立以创新创业为导向的新型人才培养模式。”近年来，国家大力实施大学生创新创业引领计划，通过提供创业服务、落实创业扶持政策、提升创业能力等多方举措扶持和帮助大学生自主创业。国家将创新创业放在前所未有的高度，创新创业正迎来大好机遇，大学生创新创业具有广阔的发展空间。

二、培养大学生的创新创业意识

创新创业意识的培养经常涉及一个问题：一个人是如何决定开始创办一个企业的呢？换句话说，是什么力量和因素激励一个人去创业的呢？研究表明，激励大学生创新创业的核心因素，即改变现状、可信的榜样和具备创新创业的意识和能力。

创新创业的意识包含以下六个方面。

（一）主体意识

创新创业是一项艰难的事业。随着改革开放的深入、社会主义市场经济的发展和国家富民政策的支持，人力资源的潜能最大限度地被挖掘出来，普通人也成了创业的主体。这种创业的主体意识、主体地位、主体观念，成为创业者拼搏的巨大动力。这种力量会鼓舞他们不畏艰难，勇于迎战风险，抓住机遇，实现自身价值。因此，创业主体意识是创业者在创业过程中必须具有的、十分宝贵的内在要素。我们要深刻认识创业主体意识的重要性，以辩证的思维去看待创业，主动投身创业的实践中；让创业成为个人知识增量、能力提升的重要途径；让创业成为人生路上的重要转折点，使创业者朝着美好的未来去奋斗、去开拓、去前进。

◎　**案例思考**

田径运动员蓝晶与“蓝鸿记”

蓝晶，广西田径退役运动员，国家一级运动员，1983年出生于柳州，2000年进入广西体工大队，2002年获全国青年锦标赛4×400米接力亚军，2006年获东亚运动会4×400米接力第三名，2008年退役。

一般来讲运动员退役后，受长期封闭训练的影响和文化水平的限制，往往难以转变身份、融入社会。退役后，蓝晶曾到招聘会上找工作，但多次碰壁。

后来，蓝晶到南宁五象健身俱乐部担任教练，但健身房的工作是“青春饭”。考虑自己上了年纪容易失业，从2009年开始，蓝晶一边工作一边开始创业，他白天在健身房上班，晚上卖夜宵。在路边卖过炒粉，开过烧烤店、快餐店、奶茶店。蓝晶是地地道道的仫佬族人。仫佬族喜食鲜鱼，而仫佬族炭烤鱼脸是数百年民间美食文化传承下来的经典美食之一，是仫佬族的金字招牌。蓝晶怀着传承民族美食的想法，于2012年9月注册了南宁市蓝鸿记美食店；2015年7月，又注册了南宁市鱼脸王餐饮店。9年间，蓝晶通过自身的努力，在南宁市开了三家“蓝鸿记仫佬鱼脸王”餐饮店。

走进“蓝鸿记”店铺，蓝晶自豪地向大家介绍着，一砖一瓦、软装挂饰，全是他和店员们花了17天半的时间齐心协力装好的，并在店门口专门设置了展板，展示装修细节。在蓝晶的店里，店员做的时间最短的是2年，最长的是7年。和他一起创业的是与自己相识11年的好友，店名“蓝鸿记”是他和朋友名字的组合。

如今，蓝晶依旧在五象健身俱乐部担任教练，餐饮美食店交给经理来打理。蓝晶还利用空余时间成立了“蓝鸿记”羽毛球、足球、篮球、赛车俱乐部，偶尔参加一些比赛，生活已不再像刚退役时那般苦涩。

资料来源：甘慧.运动员成功创业案例：广西田径退役运动员蓝晶[EB/OL].（2021-05-26）[2022-02-03]. http://tyj.gxzf.gov.cn/xwzx/zsdt/t8993341.shtml.

（二）风险意识

风险意识是我国企业在与国际接轨中应着重加强的一种现代经营意识，也是初创企业和创业者必须培养和增强的一种重要的创业意识。创业是充满风险的。创业者对可能遇到的风险认识不足、准备不足，是当前许多创业者普遍存在的现象。这种创业风险意识的缺位突出表现在以下四个方面：一是在心理上表现为对创业可能遇到的困难准备不足；二是在决策上表现为不敢决策、盲目决策和随意决策；三是在管理上表现为不抓管理、无序管理和不敢管理；四是在经营上表现为盲目进入市场、随意接触客户和轻率签订商务合同。

因此，我们要树立正确的风险意识，一方面要敢于去市场经济的大潮中劈波斩浪，经受商海的历练和锻打；另一方面要提前进行思考和规划部署，做到善于规避风险、化解风险，使自己在迎战风险的过程中立于不败之地。

（三）学习意识

当今的时代是知识经济的时代，创业者只有拥有渊博的理论知识和丰富的实践经验才能在竞争日益激烈的市场中脱颖而出并获得成功。创业者创业后普遍面临知识缺失和本领恐慌的问题，大部分创业者会发现原有的知识底蕴和劳动技能已经不足以支持他们应对创业过程中出现的大量新情况和新问题。因此，创业者应该树立学习意识，要紧跟时代发展，不断学习专业知识，以及专业知识以外的经济知识、销售知识等。创业者要不断进行知识更新和整合，只有这样，才能适应新时代创业的要求。

（四）资源整合意识

整合理念是现代营销学中的崭新理念，是在全球经济一体化的新形势下，跨国集团寻求企业最大利润空间的战略能力。因为任何一个创业者都不可能把创业中所涉及的问题都解决好，也不可能把一切创业资源都备足，所以创业者关键在于要学会进行资源整合。因此，资源整合的原则不仅是创业设计中的一个重要原则，也是在创业中借势发展、巧用资源、优势互补、实现双赢的重要方法。创业者在创业之初，经常会面临资金不足、资源匮乏、管理经验缺乏等问题，导致每前进一步都可能碰壁。因此，对于创业者来说，要学会创造性地整合和利用资源：一方面，要通过自身的创造性，利用有限的资源，创造更大的价值；另一方面，要积极获取各类资源，善于寻求外界的力量，通过资源整合实现合作共赢。这也是新时代创业者必备的创业意识之一。

（五）信息意识

新时代是信息技术高度发达的时代，信息是资源更是财富。但是有许多创业者不懂得信息资源的重要性，不会寻找和利用信息资源，更不懂得去利用信息资源来创造价值。正如一名创业者所讲的："刚开始创业时，我不懂得查信息，也不懂得找商机。每天只知道傻愣愣地站着、傻愣愣地喊，结果一天下来腰酸腿疼，还不挣钱。"后来，知识产权局的同志来给创业者做报告，还带来了20多万条专利信息，提供给创业者进行筛选。在对这些信息的筛选中，这名创业者获知了国际上需求超薄型针织服装的信息，她立刻加紧运作，不仅从香港引进了用细羊绒和桑蚕丝制成的冬暖夏凉又十分轻便的超薄型针织面料，还添置了先进设备，培训员工、充实技术人员，很快就让自己生产的四季超薄型针织服装上市，尝到了利用信息资源创造价值的甜头。从此以后，她懂得了利用信息的重要性，不仅订阅了大量信息刊物，还参加了"下岗女工零起步电子商务培训班"。通过专家讲解、介绍网络营销的技能和技巧，她学会了利用网络去搜集信息，捕捉商机。

（六）经验积累

作为一名创业者，须了解自己是否具备创办和经营企业的能力和经验。创业者可以通过以下几种方式积累经验，提升自身创办企业的素质和能力：一是向成功的企业人士学习。创业者可以聆听成功企业人士的报告会，或者与成功企业人士进行交谈，不仅要学习他们的成功经验，还可以寻找机会成为一名成功人士的助手、学徒。二是向书本学习。创业者可以有针对性地阅读一些能够提升创业技巧和企业经营技巧的书籍，也可以通过参加创业培训班进行学习。三是寻求外界的合作与帮助。创业者可以与家人讨论经营企业的困难并说服他们给予支持，或是寻找能与自己成为互补型的合伙人，而不是完全依靠自己的力量去创办企业。四是提前进行规划。创业者须制订企业未来发展规划，列出创业过程中可能会面临的风险，提前分析利弊，并根据实际情况采取积极的应对措施。

总之，创业者要在实践过程中不断总结成功的经验、汲取失败的教训，不断提升自己的创业能力。

◎ 拓展阅读

体育院校大学生创新创业的机遇与挑战

新时代崇尚创业、需要创业、鼓励创业，大学生是最具创新精神和创业潜力的群体之一，社会需要更多的大学生加入创新创业的队伍，成为创新创业的主力军。体育院校大学生应立足所学专业，抓住创新创业的机遇，做好创新创业规划，服务国家和社会发展，在创新创业的实践中实现人生价值。

1. 体育强国、健康中国建设为体育院校大学生创新创业提供了前所未有的机遇

在新时代，体育事业已经成为我国综合国力的重要象征，体育强国建设被提到更加重要的战略地位。2019年9月，《国务院办公厅关于印发体育强国建设纲要的通知》（国办发〔2019〕40号），将体育事业全面融入我国经济社会发展总体格局进行统一规划、部署、落实，为推动体育强国建设提供了强有力的保障。另外，随着人民生活水平的不断提高，人民对健康的需求不断增加，体育在增强国民体质和健康方面的重要性也日益凸显。《“健康中国2030”规划纲要》的提出，为体育事业和健康产业的发展提供了大好机遇。在这样的时代背景下，体育事业、体育产业的发展空间巨大，体育院校大学生创业就业前景广阔。

体育产业是朝阳产业，发展势头好，市场潜力大。随着人们生活水平的提高，生活方式与观念的转变，越来越多的人愿意将生活花销投入体育活动中。此外，青少年儿童肥胖、近视等现象增多以及国家“双减”政策的实施也使得家长转变了传统观念，愿意让孩子从事体育活动。因此体育培训、体育健身等市场前景较好。例如，体育培训业对于大学生来说，相对成本低、风险低、收益高，体育院校大学生在做培训创业时既是创业者又是教练，在一定程度上降低了创业成本，可行性较高。体育院校大学生可以通过“互联网+体育”的平台拓展创业空间。

2. 体育院校大学生创业具有独特的优势

体育院校大学生相较于其他专业大学生具有独特的创业优势，具体如下。

一是具有良好的身体素质。大多数创业者的创业过程都不是很轻松的，特别是创业初期，需要创业者付出的不仅是智力劳动，还要具备充沛的精力和体力。体育院校大学生经过长期的体育训练，一般都身体健康，精力和体力充沛，为创业过程需要付出的高强度体力提供了保证。

二是具有过硬的心理素质。体育院校大学生在运动训练和比赛过程中，流汗、受伤的过程练就了其坚韧不拔的毅力、永不言败的决心与抗压冒险的精神，也塑造了其阳光乐观的性格，而这些心理素质恰恰是创业者在创业过程中必备的素质。

三是具有较强的社会能力。社会能力是创业者必须具备的重要能力之一。体育院校大学生往往性格开朗，善于与人沟通交流，具备较强的人际交往、团队合作等能力，这些能力在一定程度上能够有效助力体育院校大学生开展创业活动，甚至将成果有效转化。

3. 体育院校大学生创业面临的挑战

一是体育市场竞争激烈。国家重视全民健康，体育产业成为朝阳产业，社会资本纷纷进入体育市场，我们既要看到体育市场良好的发展前景，也要感受到体育市场激烈的竞争压力。与拥有雄厚的财力与丰富的社会经验的社会创业人士或者一些大型的体育公司相比，体育院校大学生的市场竞争优势要弱得多。在市场竞争如此激烈的情况下，体育院校大学生面临着“千军万马过创业独木桥”的境地；同时，许多体育院校大学生的创业项目同质化较为严重，缺乏社会关系，且存在资金、创业风险、承受风险能力、自身专业技能等方面的不足[1]。因此，体育院校大学生创新创业压力较大。

二是新冠病毒感染疫情的挑战。突如其来的新冠病毒感染疫情对市场影响巨大，体育产业市场也无法避免。在新冠病毒感染疫情的影响下，体育健身、体育培训等服务业几乎停业，体育赛事停办，体育用品销售不景气，整个体育产业链条陷入停滞状态。在疫情常态化的背景下，如何准确研判消费新需求和新习惯，创新经营模式，拓展诸如智能教练和线上培训、线上体育用品销售等体育新产品和服务，开拓新的市场，有效应对新冠病毒感染疫情暴发的短时冲击。如何创造新的赢利模式进而逆势成长，将是体育院校大学生创业者必须面对和解决的问题。

目前，我国体育产业的发展与发达国家存在较大的差距。体育人才的培养跟不上时代发展的需求，全民健身活动的开展普及度不高，体育文化产品的影响力不明显等仍是我国体育事业发展中面临的主要问题。作为体育院校大学生，应加强专业知识的学习，培养自己的创新创业能力，做好创新创业规划，勇做时代的弄潮儿，投身建设体育强国、健康中国的伟大事业之中，为实现中华民族伟大复兴的中国梦贡献力量。

三、培养大学生正确的职业发展观

新时代体育院校大学生要树立正确的职业发展观。正确的职业发展观要求我们立足国家和社会发展的需要，把个人职业发展与民族的振兴、国家的富强紧密联系在一起，通过奋斗创造美好的生活。从职业发展的角度来说，体育院校大学生做好科学的职业生涯规划和创新创业规划至关重要。

[1] 黄剑聪.高校体育专业学生创新创业的发展路径研究[J].林区教学，2021（10）：87-90.

（一）职业生涯规划的内涵

1. 职业生涯

职业生涯，是指个人通过从事工作所创造出的有目的、延续一定时间的一种生活模式。

职业生涯的基本含义包括以下三点：第一，职业生涯是个体的行为经历，而非群体或组织的行为经历。职业生涯实质是指一个人一生之中的工作任职经历或历程。第二，职业生涯是一个时间概念，意指职业生涯期。职业生涯期始于工作之前的专门的职业学习和训练，终止于完全结束或退出职业工作。不同个体之间的职业生涯期有长有短，是不完全一样的。第三，职业生涯是一个包含着具体职业内容的、发展的、动态的概念。职业生涯在纵向上体现为职业工作时间的长短，在横向上体现为职业发展、变更的经历和过程，包括从事何种职业工作、职业发展的阶段和由一种职业向另一种职业的转换等具体内容，职业生涯的各方面内容是纵横交错的。

从另外一个角度讲，我们也可以将职业生涯分为外职业生涯和内职业生涯。

外职业生涯，是指从事职业的工作单位、工作地点、工作内容、工作职务、工作环境、工资待遇等因素的组合及其变化过程。例如，某个体的外职业生涯：在职务目标上，要成为总经理、教授等；在经济目标上，要达到年薪30万元等。外职业生涯的构成因素通常是由别人给予的，也容易被别人收回。外职业生涯因素的取得与自己的付出在很多时候是不一致的，尤其是在职业生涯初期，我们需要正确地看待和认识外职业生涯。

内职业生涯，是指从事一种职业时所具备的知识、观念、心理素质、能力、内心感受等因素的组合及其变化过程。例如，某个体的内职业生涯，在工作成果目标上，明确为销售经理的工作业绩；在心理素质目标上，能经受得住挫折，能做到临危不惧、宠辱不惊等。内职业生涯各项因素的取得可以通过别人的帮助来实现，但最重要的还是要通过自己的努力予以取得。与外职业生涯构成因素不同，内职业生涯的各构成因素内容一旦取得，别人便不能收回或剥夺。

外职业生涯与内职业生涯相互联系。外职业生涯的发展以内职业生涯的发展为基础：有的人一生疲于追求外职业生涯的成功，却忽视了内职业生涯的发展，因此其很难获得成功，即使偶尔获得成功，也可能是昙花一现。

2. 职业生涯规划

职业生涯规划，是指组织或者个人把个人发展与组织发展相结合，对决定个人职业生涯的个人因素、组织因素和社会因素等进行分析，制订个人一生事业发展上的战略设想与计划安排。

具体来说，职业生涯规划就是指个体客观认知自己的兴趣、能力、性格和价值观，发展适合自己的完整的职业自我观念，将个人发展与组织发展相结合，在对个人和外部环境因素进行分析的基础上，深入了解各种职业的需求趋势以及能够取得这个职业的关键因素，确定自己的事业发展目标，并具体地选择实现这一事业目标的职业或岗位，编制相应的工作、教育和培训行动计划，制定基本措施，通过高效行动和灵活调整，有效提升职业发展所需的执行、决策和应变能力，使自己的事业得到顺利发展，并取得事业成功。简而言之，职业生涯规划是指一个人对其一生中所承担职务相继历程的预期和计划。对于体育院校大学生而言，职业生涯规划就是指根据自己的特点，结合国民经济和社会发展的要求，为自己设计最适合的职业和职业发展道路。

进行职业生涯规划，首先要对个人特点进行分析；其次要对当前经济环境和社会环境进行分析；最后根据分析结果制定个人的事业奋斗目标，选择实现这一事业目标的职业，编制相应的工作、教育和培训的行动计划，并对每一步骤的时间、顺序和方向做出合理的安排。

（二）创业人生与创新创业规划

从创业人生的视角分析，创业首先是一种理念、一种精神，一种不满足于现状、敢于创新并承担风险的精神，是一种在考虑资源约束的情况下把握机会、创造价值的认识。从广义的角度来讲，创业可以理解为一个人根据自己的兴趣、所学专业、能力等选择适合自己的事业（可以是创办企业、创办非营利的事业或者就业），并把握机会，为这个事业的成功整合资源、付诸努力，最终实现自己人生目标的过程。在进行创业规划时创业者要树立正确的创业观，既要努力实现个人价值，也要考虑社会价值的实现；创业者要处理好创业与职业生涯发展的关系，把专业知识和职业技能创造性地运用到经济社会发展中去；创业者在服务国家、服务社会、服务人民的同时也能够实现自我的价值。

对于一个立志创新创业的人来说，要制订一份好的规划，应该把握三个主要内容，即自己能够做什么、社会需要什么、自己拥有什么资源。也就是说，创业者有必要进行自我分析、环境分析和关键成就因素分析。

1. 自己能够做什么

作为一个创业者，只知道自己想干什么是不够的，更重要的是应该知道自己能做什么、能做到什么程度。当然，这也是相对而言的，因为一个人的潜能发挥是一个逐渐展现的过程。但是，一个人对自己的兴趣、潜能有一个基本的认识是做好创新创业规划的重要前提。

2. 社会需要什么

一个人在明确自己想做什么、能做什么的同时，还应考虑社会的需求是什么这一重要因素。如果一个人所选择的创业领域既符合自己的兴趣又与自己的能力相一致，却不符合社会发展的需求，那么这种创业的前景无疑会变得暗淡。由于分析社会需求及其发展态势并非易事，因此，在制定创业目标时，应该进行多方面的探索，以做出客观正确的判断。

3. 自己拥有什么资源

想要创业就要积累各种各样的资源。创业者应该清楚地审视自己所拥有或能够使用的一切资源的情况，判断现有资源是否足以支持创业项目的启动和确保创业成功以及创业项目可持续地运行。这里所说的资源，不仅指创业资金，还包括社会关系，即通过创业者既有人际关系以及既有人际关系的进一步扩展所能带来的各种具有支持性的因素。

创业规划必须将个人理想与社会实际有机地结合，创业规划能够帮助一个人真正了解自己，并且进一步评估内外环境的优劣势，从而确定企业的发展方向。创业者只有顺应国家经济社会发展的要求，才能在创业过程中发挥优势、避开劣势，使创业规划更具有可操作性，成就精彩的创业人生。

◎ 案例思考

德清莫干山“裸心”体育小镇

在全民健身背景下，体育运动逐渐常态化、休闲化、全民化，体育产业成了健康产业的一股中坚力量，推动着健身休闲产业迅猛发展。旅游、文化、养生、互联网等元素的不断聚集及融入，与城镇发展相结合，形成了体育产业的新业态——体育特色小镇。

德清莫干山“裸心”体育小镇位于浙江德清莫干山，目前德清本地有体育企业70多家，均以体育健身休闲、体育场馆服务及体育用品的销售和制造为主，实现体育产业销售收入过百亿元，体育产业集群效应明显。2016年上半年，德清乡村旅游接待游客176万人次。

1. 发展特色

德清莫干山“裸心”体育小镇以打造“裸心”体育为主题，规划“一心一带两翼多区”，全力打造体育特色小镇，将体育、健康、文化、旅游等有机结合，以探索运动、户外休闲、骑行文化等为特色，带动生产、生活、生态融合发展。小镇建设的部分重点项目：①Discovery探索极限基地；②久祺国际骑行营；③莫干山山地车速降赛道；④“象月湖”户外休闲体验基地。

2. 借鉴意义

依靠体育产业传统优势，活化“体育+旅游”产品。小镇将长期打造辐射长三角地区的户外休闲运动品牌，将体育产业、文化、旅游三元素有机结合，打造成为具有山水特色的“户外运动赛事集散地、山地训练理想地、体育文化展示地、体育用品研发地、旅游休闲必经地和富裕民众宜居地”。

资料来源：前瞻产业研究院. 中国体育旅游小镇八大典型案例分析[EB/OL].（2020-07-04）[2021-01-05]. https://f.qianzhan.com/tesexiaozhen/detail/171218-3ba4e5f0.html.

◎ 拓展阅读

职业生涯规划5个“What”的思考模式

职业生涯规划的制订，可参考5个“What”的思考模式，它构成了制订职业生涯规划的前提性步骤。

第一，What are you doing？ 要求一个人对自己做一个深刻反思与认识，对自身的优点与缺点都要加以深入细致的剖析。

第二，What do you want? 要求一个人对自己未来职业发展的目标和前景做出一种愿望定位、心理预期和取向审视。

第三，What can you do? 要求一个人对自己的素质，尤其是自身的潜能和实力进行全面的测试和把握。

第四，What can you support you? 要求一个人对自己所处的环境状况和所拥有的各种资源状况有一个客观、准确的认识和把握。

第五，What can you be in the end? 要求一个人对自己所提出的职业目标以及实现方案做出一个具体明确的说明。

一般而言，清晰、全面地回答了以上5个问题，就为系统地制订出一份个人的职业生涯规划准备了一个重要前提。

▼ 进一步阅读书目

1. 辽宁省普通高等学校创新创业教育指导委员会.创造性思维与创新方法[M].北京：高等教育出版社，2013.

2. 梅强.创业基础[M].北京：清华大学出版社，2016.

3. 王艳茹，王兵.创业基础课堂操作示范[M].北京：北京师范大学出版社，2014.

4. 徐俊祥.大学生创业基础知能训练教程[M].北京：现代教育出版社，2014.

5. 董青春，董志霞.大学生创业基础教师用书[M]. 2版.北京：经济管理出版社，2017.

6. 巴林杰.创业计划书：从创意到方案：第2版[M]. 陈忠卫，等，译. 北京：机械工业出版社，2016.

7. 李野新，周俊宏.李宁：从体操王子到商业巨子[M].杭州：浙江人民出版社，2010.

▼ 复习思考题

1. 请分析创业的要素、创业的功能价值与创新型人才的素质要求。

2. 通过分析李宁创业案例，总结创业者应具备哪些创业精神，这些创业精神对职业生涯发展有哪些促进作用?

▼ 讨论性问题

1. 团队成员共同分享与创业相关且给你印象最深刻的一件事（可以是家人的、朋友的，也可以是公众人物的事件）。谈一谈为什么这件事对你来说是重要事件，你从中受到什么启发?

2. 团队成员共同分享有关创业且对你影响最大的人（可以是家人、朋友，也可以是公众人物）。谈一谈为什么这个人对你来说是影响最大的人，他有什么优点值得我们去学习?

▼ 实践性问题

1. 教师请学生自由组合，组成创业团队，立足体育院校大学生创新创业的实际，确定一个明确的创业方向。

2. 创业团队确定方向后，向其他创业团队展示自己团队的创业想法。

3. 分析并自我评价一下自己具备哪些创新创业的素质和能力。

第二章 发现商机，抓住创业机会

◆ 本章学习目标

1. 了解创意、创新和创业机会的内在联系和区别。
2. 掌握创业机会识别的关键因素。
3. 熟悉创业机会评价的策略、方法和标准。

第一节 创业机会识别

一、创意、创新和创业机会

想要创业，首先要有创新，创新是创业的核心。创意是创新的基础，创新是创意的飞跃。只有厘清创意、创新和创业机会三者之间的关系，才能把握创业的核心要素，才能更好地发现创业机会，实现创业成功。

（一）创意

经济学意义上的创意是指通过创新思维意识，进一步挖掘和激活资源组合方式，从而提高各种资源价值的方法。创意是创新的特殊表现形式，是创新创业的基础。一个能够产生经济价值的创意须具有新颖性、真实性和价值性特征。

1. 创意要具有新颖性

新颖性既可以是新的技术、新的解决方案或是不同的解决办法，也可以是更好的措施。新颖性同时还表示某种程度的科技领先性，能够增加模仿的困难。例如，随着计算机网络技术的发展，人与人之间的沟通日益频繁，使得张小龙带队开发出了微信；由于道路交通的拥堵状况日益严重，北京市施划出多条潮汐车道。这都是新颖的想法、措施或方案，都具有一定的领先性。

2. 创意要具有真实性

真实性，是指该创意可以开发出能够把握机会的产品或服务，市场上不仅有人们对产品或服务的实际需求，而且也存在对产品或服务的真实需求，或者可以找到被潜在消费者所接受的产品或服务的方式。创意不但具有新颖性，而且能够开发出符合市场经济实际需求的产品或服务项目。

3. 创意要具有价值性

价值特征是创意的根本，好的创意要能给消费者带来真正的价值，并通过市场检验。社交网络的创意给消费者带来了超越空间交往的新体验，解决交通拥堵的创意则缩短了人们在行程中所耗费的时间，在一定程度上给消费者带来了新价值。盐水灯的发明，使得仅靠2匙盐+1杯水就能照明8小时，在手机没电的紧急情况下，可利用这种灯的电力为移动设备充电。它不但很好地解决了偏远山区的照明问题，居住在邻近海岸地区的人们也能利用海水来供给照明，既有很好的社会价值，也会有可观的商业价值。[1]

虽然并非所有的创意都具有商业价值，也并不是所有具有商业价值的创意都能够被实现，但正是大量灵感乍现的创意诱发了众多的创业机会。因此，我们应该通过系统的学习，有意识地培养和训练自己的创新意识，从而在日常生活中产生更多美好的创意。

（二）创新

创新，是指把一种新的生产要素和生产条件的“新组合”引入生产体系。“企业家”的职能就是实现“创新”，引进“新组合”，促进经济发展。

创新思维是可以培养的，创造力也是可以锻炼的，创业者要在平时学习中积极主动地提高自身的创造力，训练自身的创新思维。

（三）创业机会

创业机会，是指适合以创业的方式实现经济效益的商业机遇。所有创新的途径都会给创业者带来机会。再美好的机会如果只存在自己的脑海中或者嘴巴里，都无法产生任何效益，唯有将看起来美好的创业机会运用到实践中进行检验，真正获得消费者的认可，才可以实现它的真正价值。因此，我们不但要有创新的意识、思维和能力，还要有开展创业活动的激情和行动，以便将更多的创意创新付诸实践。

[1] 佚名. 盐水灯：不用电的灯，还可以用来喝水，造福无数人民[EB/OL].（2011-01-01）[2022-03-05]. http://www.360doc.com/content/22/0101/00/42489105_1011344281.shtml.

创业机会是一种特殊的商业机会。商业机会是有利于某个商业活动主体（个人、企业）获得某种商业利益的一组条件的形成（现实情景或未来趋势）。当市场上某种需求没有被满足时，就意味着出现了商业机会。普遍意义上的商业机会中包含着创业机会，而商业机会中只有很小一部分是创业机会。创业机会比一般商业机会更具有创新性甚至是创造性。创新性强的创业机会容易形成竞争优势，有利于创业活动取得成功。一般情况下，创业机会与商业机会之间并不存在严格的界限。

◎ 拓展阅读

万达体育成功的启示

万达集团的董事长王健林，就以其独到的认知方式做出了一系列重大的商业选择。王健林基于对大政方针、行业趋势、发展热点的把握，将企业发展和利润丰厚的地产行业挂钩，将地产发展和中国的城市化进程紧密相连，一开始就能专注商业地产开发，并带领万达集团将业务范围拓展到北京、上海、深圳等45个城市，在全国建立了超过60座万达广场，造就了中国最大的商业地产企业。2015年以来，万达集团又通过并购瑞士盈方体育传媒集团、美国世界铁人公司、法国拉加代尔集团运动部门，形成了体育赛事举办、运动员经纪、赛事营销、赛事转播的全产业链，成为全球收入最大的国际性体育公司。2016年3月21日，国际足球联合会（FIFA）与万达集团签订战略合作协议，万达集团成为中国首个国际足球联合会顶级赞助商，协议有效期长达15年。从房地产开发转向文化创意产业，是万达集团又一个华丽转型，与王健林对中国房地产市场的前景预测、对文化产业的快速发展认知紧密相关，与“企业经营的最高层次是经营文化”的理念相吻合。

二、创业机会的类型与来源

（一）创业机会的类型

创业机会按照来源可以分为问题型机会、趋势型机会和组合型机会三种类型。

1. 问题型机会

问题型机会，是指由现实中存在的未被解决的问题所导致的一类机会。问题型机会在人们的日常生活和企业实践中大量存在，如消费者的抱怨、大量的退货、无法买到称心如意的商品、服务质量差等，在解决这些问题的过程中会存在价值或大或小的创业机会。

2. 趋势型机会

趋势型机会，是在变化中看到未来的发展方向，能够预测将来市场潜力的一类机会。趋势型机会一般会出现在经济变革、政策变化、人口变化、文化习俗改变等方面，一旦被人们认可，其产生的影响将是持久的，带来的效益也是巨大的。

3. 组合型机会

组合型机会，是指将现有的两项或两项以上的技术、产品、服务等因素组合起来实现新的用途和价值，进而获得的创业机会。现实社会中大部分的商业机会都是组合型机会。体育院校大学生创业者应从身边出发，可以通过自己创新性的思维将现有产品或服务进行组合，以便更好地满足消费者的需求，实现自己的创业梦想。

（二）创业机会的来源

按照彼得·德鲁克（Peter Drucker）在1985年出版的《创新与企业家精神》一书中的说法，创新机会有七个主要来源，分别是意外之事、不一致之处、流程需要、产业和市场结构的变化、人口结构变化、观念改变和新知识。

1. 意外之事

意外的成功或失败都有可能引发新的商业机会，尤其是意外的成功所提供的创新机会风险小，求索的过程也不艰辛；而经过精心设计、规划及小心执行后的失败又常常反映了隐藏的变化，以及随变化而来的机会。

1928年，亚历山大·弗莱明（Alexander Fleming）将众多培养基未经清洗就摞在一起，放在试验台阳光照不到的地方就去休假了，休假回来后的他发现在第一个培养基边缘有一块因溶菌而显示的惨白色，由此发现了青霉素，并于1929年6月发表了相关论文，也因此获得诺贝尔奖[1]。正是弗莱明对意外事件的观察和思考，使其在研究领域取得了辉煌的成就。

因此，在日常生活中，人们应当对身边发生的意外之事保持一颗好奇之心，凡事多问几个“为什么”，多一些思考和研究，有助于发现可能被其他人忽略的创业机会。

2. 不一致之处[2]

不一致之处也称为不协调，是指现状与“理应如此”之间，或客观现实与个人主观想象之间的差异，这是创业机会的一个征兆。这些不协调包括产业的经济现状之间存在的不协调、产业的现实与假设之间存在的不协调、某个产业所付出的努力与消费者的价值和期望之

[1] 袁立聪. 历史上的今天　青霉素的发现者亚历山大·弗莱明逝世[EB/OL].（2021-03-11）[2022-01-22]. https://www.sohu.com/a/455146121_120003965.

[2] 德鲁克.创新与企业家精神[M].蔡文燕，译.北京：机械工业出版社，2007.

间存在的不协调，以及程序的节奏或逻辑的内部存在的不协调等。

例如，集装箱的首次出现就源于行业的假设与现实之间存在的不协调。20世纪50年代之前，航运业一直致力于降低航运途中的成本，争相购买更快的货船，雇佣更好的船员，但成本仍居高不下，导致航运业一度濒临消亡。直到货运集装箱出现，航运总成本下降了60%，航运业才起死回生。集装箱的发明者用简单的创新解决了现实和假设之间存在的不协调。航运业当时的重要假定是效率来自更快的船和更努力的船员；而事实上，主要成本来自轮船在海港闲置和等待卸货再装货的过程。

3. 流程需要

流程需要与其他创新来源不同，它并不始于环境中（无论是内部还是外部）的某一件事，而是始于需要完成的某项工作。它是以任务为中心，完善一个业已存在的程序，替换薄弱的环节，或者用新的知识重新设计一个旧程序等。

依照有关法律法规的规定，创业者只有经过工商注册拿到营业执照才能从事合法经营，在2014年3月修订后的《中华人民共和国公司法》（以下简称《公司法》）实施之前，注册的流程极为繁琐，需要的时间也很长，给拟创业者带来很大的烦扰。但是，注册企业又是开业之前的必备流程，于是，许多人发现了这个机会，成立了代理注册公司，帮助创业者完成公司注册，其用户量很大，效益也很不错。另外，企业生产经营须按规定进行会计核算、办理申报纳税事务，许多创业者由于忙于企业的生产经营，难以亲自处理相应业务，于是会计公司应运而生。

创业者在评估流程需要时，须考虑三点要求：是否清楚地了解该流程需要，所需的知识是否能够获得，解决的办法与操作者的期盼是否一致。对于创业者来说，能够满足以上三点要求的流程需要都是不错的创业机会。

4. 产业和市场结构的变化

产业和市场结构会发生变化，通常是由于消费者的偏好、口味和价值在改变；另外，特定产业的快速增长也是产业结构变化的可靠指标。在产业和市场结构的变化中潜藏着巨大的创业机会。

随着汽车行业的飞速发展，汽车在普通家庭中得到普及，汽车对路面空间的占用造成了严重的交通拥堵。加之作为耐用消费品的汽车预计使用寿命较长，更新并不频繁，油价又一直在攀升之中，使得美国重要工业支柱的“汽车三巨头”——通用、福特和克莱斯勒总部所在地底特律市不得不在2013年申请破产保护。与此同时，车身较轻、较省油的日本汽车在美国的销量却大增。中国服务产业的打车软件、制造产业的创新发明等也为创业者提供了不错的创业机会。同样面对交通拥堵带来的打车难问题，我国的创业者们推出了各种公共交通出行方式，如网约车、共享汽车、共享电动车、共享自行车等。

5. 人口结构变化

人口结构，通常被定义为人口数量、规模、年龄结构、就业情况、受教育状况及收入状况等。人口结构的变化是创业机会最重要的来源之一。

我国人口老龄化的现象日益严重，2015—2020年，老龄人口总数从2亿人上升至2.5亿人，占比由15%左右增加至17.17%。随着老龄化社会的到来，大量针对老年人群的服务将有更多需求，养老刚需消费市场在4万亿元以上[1]。于是，居家养老服务、“京东”的养老服务供给索引平台等项目应运而生，多功能老年拐杖等产品需求旺盛，保险公司推出的以房养老等保险产品将会逐渐受到欢迎。同样，随着全面放开三孩生育政策的实施，婴幼儿用品市场、月子服务势必迎来新的发展机遇。

6. 观念改变

观念，是指人们对事物的主观与客观理解的系统化的集合。随着社会经济的发展，人们的观念也会不断发生变化，人们会根据自身形成的观念对产品或服务做出选择，创业者应及时抓住相应变化，寻求创业机会。

需注意的是，观念转变的创新应从具体化开始，从小规模入手。其可以从一个小的细分市场进入，通过生产一种所谓 “爆款”产品，对消费者原有的观念产生巨大的冲击，进而转化为消费习惯，迅速获得市场的青睐。

7. 新知识

知识的创新是企业的财富，是创业机会的重要来源。知识创新并不一定是指科技方面的创新，基于知识的社会创新也越来越重要。体育院校大学生应该认真学习专业知识，并能够融会贯通地将其转化为内在的创新能力，从而根据自身的体验和理解加以创新，为经济社会的发展做出贡献。

◎ 案例思考

蔡喜源和他的体育文化发展有限公司

蔡喜源，广西铂尔曼体育文化发展有限公司、南宁市兴宁区铂尔曼篮球俱乐部董事长、企业法定代表人。

[1] 李子干. 2016年中国养老产业处于爆发年 市场需求巨大[EB/OL].（2016-05-26）[2021-09-18]. https://www.chyxx.com/industry/201605/420045.html.

2017年，蔡喜源从广西体育高等专科学校毕业，进入到南宁市山渐青学校做了一名教师。然而，怀着对创业梦想的孜孜追求，他毅然放弃了这个稳定的职业，选择了自主创业道路。

2018年，凭借丰富的体育专业知识，蔡喜源先从体育用品销售，篮球、游泳培训做起。作为刚毕业的大学生，蔡喜源面对竞争激烈的市场，想要站稳脚跟并深深扎根市场，谈何容易？一次次的碰壁、一次次的失败，不但没有击垮蔡喜源的进取心，反而成了他积累经验、奋勇直前的动力。功夫不负有心人，2020年，他成立了第一家属于自己的公司——广西铂尔曼体育文化发展有限公司，注册资本由起步的5万元发展到200万元人民币。经过艰苦的探索、大胆的实践，蔡喜源于2021年成立南宁市兴宁区铂尔曼篮球俱乐部。昔日的学校书生已经成长为集体育设备、体育场地建设、体育用品销售、体育场馆绿化工程、体育赛事编排、游泳池建设等于一体的广西铂尔曼体育文化发展有限公司实业集团的董事长。

目前，广西铂尔曼体育文化有限公司经营有平南县雄森动物园——雄景水上乐园、南宁市国悦九曲湾温泉水镇——水上乐园、南宁市兴宁区保利山渐青温泉水镇——水晶宫、南宁青秀区大唐臻观游泳等项目。

2021年，蔡喜源担任南宁市社会组织综合团委总支部书记，企业先后被共青团南宁市兴宁区委员会等单位授予“先进企业”“诚信企业”“青年文明号”等称号，其本人也被授予“青年岗位能手”称号。

▼ 小测试

1. 简述创意、创新和创业机会的关系。
2. 简述商业机会和创业机会的关系。
3. 创业机会按照来源可分为哪几种类型？创新机会有哪些来源？

三、创业机会的识别方法

从众多创意中识别出创业机会，需要具备一定的知识，掌握相应的识别方法。创业者应通过判断社会发展趋势，解决现实中存在的问题，发现市场空隙，并了解创业者的个性特征来识别创业机会。

（一）判断社会发展趋势

顺应时代发展、引领时代潮流的创业项目容易取得成功。创业者应从政策、经济、社会和科技的角度进行分析，在众多创新性的想法中，选择符合社会发展趋势的创业机会。

1. 政策趋势

政策的变化趋势为创业机会提供了基础。例如，2015年全国平均每天新登记企业1.2万户；截至2015年，全国实有各类市场主体7 746.9万户，同比增长11.8%，注册资本（金）为175.5万亿元，同比增长35.8%[1]。

国际形势的变化也会为创业者提供机会。例如，2002年7月欧元成为欧元区唯一合法货币。一个偶然的机会，温州商人得知欧元将在欧洲大面积发行流通，欧元纸币要比一般纸币长1.4厘米，这就意味着欧洲人原来装钱的钱包放不下新欧元。这条很不起眼的信息瞬间触动了温州商人十分敏感的商业神经。于是，他们迅速组织一流的设计人员昼夜兼程，开发出质地上乘、做工精细的专用钱包，马上发往欧洲市场进行促销。由于恰逢其时，营销得力，其很快成为市场的热销产品，赚钱也在情理之中[2]。又如，随着国家"双减"政策的出台，体育与艺术行业的培训市场空间巨大，这是国家政策的变化为创业者带来的创业机会。

2. 经济趋势

准确判断和分析当前的经济发展趋势，可以帮助我们发现创业机会或规避创业风险。当经济向好时，会增加人们的消费欲望；而当经济下行时，人们则会减少支出。例如，在国民经济的高速发展时期可进行奢侈品贸易，在国民经济低迷时期价格低廉的民生产品的营销也会收到良好的经济效益，从而达到所谓的"口红效应"[3]。因此，面对经济发展的不同趋势，创业者应该选择不同行业的创业机会。

3. 社会趋势

任何产品或服务几乎都是为了迎合社会需要而不仅仅是人们物质层面上的需要，因此，社会发展直接影响创业机会。例如，O2O餐饮业的快速增长，原因是在竞争日益激烈的情况下，人们工作繁忙，没有时间亲自做饭，而不是人们喜欢吃快餐；社交类网站的流行，主要是由于人们工作繁忙，为了互相之间交流更加便利。

对于环保和健康、三孩生育政策的全面放开、业务的全球化等社会趋势，都会给创业者带来相当多的创业机会。只要创业者用心观察、善于分析，就能从若干创意中找到适合开发的创业机会。

4. 科技趋势

科技趋势常常与社会、经济趋势等相结合，共同创造创业机会。对于科技趋势的预测和利用，可以满足人们日益提高的生活品质的需求。随着科技的发展，技术的不断进步，许多

[1] 佚名. 2015年我国日均新登记企业1.2万户[EB/OL].（2016-01-13）[2021-10-12]. http://politics.people.com.cn/n1/2016/0113/c70731-28047920.html.

[2] 刘宝民.欧元钱包联想[J].中国保险，2003（3）：8.

[3] 所谓"口红效应"是指一种有趣的经济现象，在美国，每当在经济不景气时，口红的销量反而会直线上升。因为在美国人们认为口红是一种比较廉价的消费品，在经济不景气的情况下，人们仍然会有强烈的消费欲望，会转而购买比较廉价的商品。

难以实施的创业项目现在得以实施，为创业者带来了更多的契机。创业者要时刻关注科技发展的前沿，充分利用科技趋势，把握创业机会，助力创业成功。

（二）解决现实问题

消费者的现实需要和满足当前市场供给的不足，是识别创业机会的重要途径。创业者应从身边入手，从自己熟悉的专业领域进行观察，关注日常的需求，从人们的抱怨中深入思考，以发现许多有价值的创业机会。古人说，“怨兮机所存”，人们常常进行的抱怨本身就存在着商机，解决人们抱怨的问题就是最好的识别商机的方法。

（三）发现市场空隙

许多新产品或服务的产生，主要是由于消费者需要但无法在市场买到或者市场根本不存在，如果创业者能够敏锐地察觉到这个市场空隙，那么创业机会就会被识别出来。

斯坦斯（STANCE）公司将袜子变成穿衣搭配的时尚单品，大受街头文化爱好者的喜爱[1]。万里学院2008届毕业生沈旭波成立的宁波联安房产经纪有限公司，不仅不收中介费，而且还为消费者提供装修和托管服务，此方式弥补了房屋租赁市场的空隙，为其赢得了良好的发展空间。

▼ 小测试

1. 在众多创意中识别创业机会应关注哪些趋势？
2. 经济趋势是如何影响创业机会识别的？
3. 你是如何理解市场空隙的？

四、识别创业机会的关键因素

当某件事情发生时，在大多数人看来可能是一件普通的事情，但对于那些善于抓住商机的人来说可能就是很好的创业机会。因此，拥有识别创业机会技巧的少数人便抓住了创业机会，取得了创业成功。一般来说，经验和认知、人际关系网络、科学分析问题的方法和创造性等是创业机会识别的关键因素。

[1] 徐涛. Stance：将无聊的袜子变成潮流艺术[EB/OL].（2019-05-21）[2021-10-21]. https://www.brandstar.com.cn/in-depth/1069.

（一）经验和认知

1. 先前经验

相对于外行人而言，内行人对其行业的认知和经验，可能会更容易识别出未能满足消费者需求的市场。例如，深圳腾讯计算机系统有限公司（以下简称“腾讯公司”）在QQ运营的基础上，推出了一个为智能手机提供即时通信服务的免费应用程序——微信，可以通过网络快速发送免费（需消耗少量网络流量）语音短信、视频、图片和文字；同时，可以使用通过流媒体共享的内容资料和基于位置的社交插件“摇一摇”“漂流瓶 ”“朋友圈”“公众平台”“语音记事本”等，一举获得成功。

2. 认知因素

有学者认为，个体的认知因素差别是区别创业者和非创业者的关键因素。多数创业者比非创业者更敏感，正是这种敏感可以引发创造性思维，发现比他人更多的创业机会。

研究发现，在某个领域拥有更多知识的人，比其他人对该领域的创业机会更敏感。因此，体育院校大学生应该在掌握某一门学科知识的基础上，不断培养自己的创造性思维能力，以便能够发现更多的创业机会。

（二）人际关系网络

拥有良好人际关系网络的人，往往比那些拥有少量人际关系网络的人更容易获得创业机会。体育院校大学生在校期间可以利用与校内不同年级、不同专业的学生以及外校学生的交往，或者通过加入学生会、社团，参加各类校园活动等途径拓展自己的人际关系。体育院校大学生应遵守诚实守信、互惠互利的原则，以换位思考、善于倾听等技巧扩充人脉，扩大自己的人际关系网络，为未来的事业发展做准备[1]。

（三）科学分析问题的方法

一个好的创业者应该是一个能够发现问题，并能够通过好的方法解决问题的人。一个人想要找到好的解决问题的方法，需要具备科学分析问题的能力。大多数创业机会可以通过科学系统地分析问题得以发现。

例如，人们对饮食需求认知的改变，造就美食市场、健康食品市场等的新型行业。体育运动越来越受到广大人民群众的欢迎，众多的健身平台也应运而生，如Keep、运动健康等手机软件也走进人们的生活。由此可见，掌握科学的分析问题的方法，有助于创业者更好地识

---

[1] 王艳茹. 创业资源[M]. 北京：清华大学出版社，2014：112-121.

别创业机会。在日常学习生活中，体育院校大学生应养成善于思考的习惯，将课堂所学知识运用到社会实践中，以便能够发现问题并有针对性地分析和解决问题，从中发现并利用创业机会。

（四）创造性

创造性思维不仅可以揭示事物的本质和规律性，而且能在此基础上产生新奇或独特的创意。从某种程度上讲，机会识别是一个创造的过程，是不断反复地产生创造性思维的过程。

19世纪末，法国园艺学家约瑟夫·莫尼埃（Joseph Monier）想设计一种牢固坚实的花坛，于是，对建筑结构一窍不通的他便充分利用自己的特长，把花坛的构造转换成植物的根系，以此作为出发点，将植物的根系转换为一根一根的钢筋，将土壤转换为水泥，并用水泥包住钢筋，制成了新型的花坛，并发明了具有划时代意义的新型建筑材料——钢筋混凝土，引发了建筑材料的一场革命。

因此，体育院校大学生应培养创造性的思维，采用具有创造性的做法，抓住创业机会、实现创业梦想。

◎ 案例思考

退役运动员创业成冰雪产业发展新动力

随着北京成功申办2022年冬奥会，以及国家体育总局联合中央多个部委联合发布关于发展冰雪运动和产业的两个规划，冰雪产业逐步成为市场关注的热点，成为社会资本投资的焦点领域，冰雪产业前景光明，潜力巨大。在冰雪产业市场，退役冰雪运动员创业者正在日益壮大，成为推动冰雪产业发展不可忽视的力量。

在冰雪运动领域，率先创业的是一批在运动成绩上并不突出，但具备专业技术的退役运动员，在早期他们不约而同地走向培训市场，成为冰雪运动社会培训领域的领路人，世纪星滑冰俱乐部创始人范军无疑是他们中的佼佼者——旗下拥有十几家滑冰培训场所，具备品牌优势的世纪星滑冰连锁俱乐部已经获得资本市场认可并投资，为后续发展奠定了良好的财务基础。随着我国冰雪运动成绩的不断提升，一批明星运动员脱颖而出，他们退役后也纷纷进入创业圈，他们有在自己从事的项目中做培训的，也有借助自己个人影响力做其他创业项目的，编写团队选取其中一些案例，希望有所借鉴。

陈露与她的冰上俱乐部

陈露，前花样滑冰女子单人滑运动员，是我国第一枚冬奥会花样滑冰奖牌获得者，也是亚洲第一位蝉联两届冬奥会奖牌的花样滑冰运动员。取得过如此辉煌成绩的她，在退役后，销声匿迹，旅居美国；直到2005年，深圳一家滑冰俱乐部邀请她回国担任教练。如今，她带着自己的陈露冰上俱乐部重新回到大众的视线，参加了非常多的活动，并邀请了许多退役运动员前来体验。

从看录像学花样滑冰到冬奥会奖牌获得者，从全国唯一的一名花样滑冰正式运动员，到如今拥有会员人数累计超过5万人、年接待人数达百万、运营奥运标准真冰滑冰场、国内规模最大的陈露国际滑冰俱乐部联盟，陈露从来就是创造奇迹的人。“最初设在深圳市，是想要弥补南方冰上运动的空白”，现在回归北京，陈露认为，“北京拥有良好的冰雪底蕴和硬件设施，是冰雪项目开展得最好的几个城市之一，在这样的氛围下通过商业模式的运作可以推动北京滑冰市场的推广”。“北京的滑冰项目开展的起点很高，尤其是我们合作的小狼国际冰上中心的硬件条件出色，我相信，在商业模式下也能涌现出优秀的选手。例如，美国、加拿大都是花样滑冰运动很强的国家，他们的体制也是这样的一种模式。”陈露说道。

王濛与她的自主品牌

在所有进军体育产业的运动员中，最特殊的是短道速滑运动员王濛，她是2006年都灵冬奥会短道速滑女子500米冠军，2010年温哥华冬奥会短道速滑女子500米、1 000米、3 000米接力冠军，她更是现役运动员开公司的第一人。

最初王濛明确创业目标后，与时任国家体育总局冬季运动管理中心主任赵英刚有过深入交流，她表示：“咱们国家的运动员太多了，拿名次的也太多了，未来发展，包括工作分配，你总不能什么都指望国家给你安排。我觉得人得有自己的想法和眼界，才能有收获和价值。”王濛的大胆提议被拿到国家体育总局的相关会议上进行充分讨论，赵英刚对她说：“你是第一个，我相信你王濛一定能成，为队里做贡献，也给其他运动员带个好头。”

王濛的第一桶金是自己代言的安踏公司。她向安踏公司成功申请建造一个王濛冠军旗舰店，专门销售安踏赞助国家队的服装和装备。之后她便放开手脚，与美国合作，在代加工的基础上创立自主品牌。王濛体育文化产业有限公司总投资8 000万元，除了获得的风投，她也拿出了自己大部分积蓄，请了职业经理人和专业团队为公司操盘。

庞清、佟健与他们的冰上中心

2016年，花滑名将庞清、佟健的冰上中心正式开业。这对曾经的世界花滑冠军用了不到8个月时间就完成了爱滑冰App的上线，不到10个月就筹建了二人的冰上中心。庞清、佟健冰上中心依托国家资源优势，借助互联网平台，将教学与训练相结合，通过不断钻研，创新教学与训练方法，为学员提供专业、规范的滑冰课程教学和最优质的滑冰训练机会，让喜爱冰雪运动的孩子体验快乐健康的运动生活；同时发掘在专业滑冰领域有望出类拔萃的潜力新星。庞清、佟健冰上中心培训范围包括形体训练、陆地训练、体能训练、冰上礼仪等，无论师资力量还是硬件设施，均属全国一流。

庞清、佟健冰上中心成立几个月后便携手清华附中，排演了大型冰上舞台剧——《爱丽丝梦游仙境》。该剧是全国乃至全世界第一部与学校合作的冰上剧，也是第一部表演班底均为在校学生的冰上汇报演出。佟健表示，充分利用自身的优势，深耕服务滑冰行业，将养分源源不断地供给到下一代冰雪人当中，促进中国冰雪运动的发展，正是庞清、佟健冰上中心创办的意义和发展的方向。

资料来源：刘先永，彭晓烯.退役运动员创业成冰雪产业发展新动力[EB/OL].（2017-04-03）[2021-10-11]. https://www.sport.gov.cn/n20001280/n20745751/n20767297/c21182365/content.html.

▼ 小测试

1. 先前经验和认知因素是如何影响创业机会识别的？
2. 影响创业机会识别的关键因素有哪些？

第二节　创业机会评价

识别出的创业机会，创业者并不一定都能够驾驭，也不一定都要去开发。只有特定的创业机会才值得投入时间和精力，付诸实施。只有掌握创业机会评价的方法和技巧，才能将真正适合创业者的创业机会挖掘出来。

一、创业机会评价的策略

有价值的创业机会除了具备新颖性、真实性和价值性，还应具有以下四种特征[1]：第一，很能吸引消费者；第二，能在商业环境中行得通；第三，必须在“机会窗口”[2]敞开期间被实施；第四，只有具备资源（包括人、财、物、信息、时间）和技能，才能创立业务。所以，应从以下几个方面来评价创业机会。

（一）评价机会的吸引性

蒂蒙斯等人[3]认为，好的机会需要有需求旺盛的市场并带来丰厚的利润、容易赚钱。只有创业机会具有很强的吸引性，才能得到潜在消费者的关注。

在创业机会实施之前，可以通过市场调查或者市场测试的方法，对项目的吸引性进行验

[1] 蒂蒙斯，斯皮内利. 创业学：21世纪的创业精神：第8版[M]. 北京：人民邮电出版社，2014.

[2] “机会窗口”是一种隐喻，用以描述企业实际进入新市场的时间期限。创业者利用机会时，机会窗口必须是敞开的。一旦新产品市场建立起来，机会窗口就打开了。随着市场成长，企业进入市场并设法建立有利可图的定位。当达到某个时点，市场成熟，机会窗口也即被关闭。

[3] 蒂蒙斯，斯皮内利. 创业学：21世纪的创业精神：第8版[M]. 北京：人民邮电出版社，2014.

证。例如，北京小米科技有限责任公司在推出小米手机之前就做了产品吸引力的调查分析，得到了大量米粉的支持，雷军说，“因为米粉所以小米”，这正是吸引性在创业机会实施中基础性作用的表现。现在大量众筹的网上项目，都是从吸引性的角度出发来进行产品开发的。

（二）评价机会的可行性

好的想法未必是好的商业机会。实践证明，超过80%的新产品都是失败的。只有可行的创业机会才是好的商业机会。分析创业机会的可行性可以从宏观、中观和微观的角度分别展开。

宏观角度可以采用PEST分析法，即从政治（Political）、经济（Economic）、社会（Social）和科技（Technological）的角度入手。

中观角度主要是行业层次的分析，常用的方法是波特的“五力分析模型”，即从进入壁垒、替代品威胁、买方议价能力、卖方议价能力及现存竞争者之间的竞争对行业竞争的影响进行分析，并通过对行业数据的分析，了解行业生命周期，判断是否是“机会窗口”打开期间，对创业机会实施的时机进行判断。

微观角度可以采用SWOT分析法，即深入了解创业项目的优势（Strength）、劣势（Weakness），以及外部环境的机会（Opportunity）、威胁（Threat），对创业机会的可行性进行把握。

（三）评价机会的适时性

马克·吐温（Mark Twain）说：“我很少能看到机会，往往在我看到机会的时候，它已经不再是机会了。”在日常生活中，人们常说“机不可失，时不再来”，说明机会转瞬即逝的特性。因此，创业者一定要适时抓住机会，要善于开发和利用机会。适时性是指在恰当的时间做恰当的事情，不早不晚，过早或过晚的机会可能都是“伪机会”。

在通常情况下，只有那些需要很快满足某项重大需要或愿望，或者尽早帮助人们解决一些重大问题的机会才有较大的胜算，在开发过程中容易取得成功。因此及时抓住消费者的“痛点”，是创业成功的关键所在。

（四）评价机会的匹配性

对于大多数人而言，有些机会只能看见，却不能为自己所把握。即使创业机会的潜力再大，如果自己缺乏创业必备的条件和因素，那么盲目行动带来的后果往往是血本无归。因此，判断创业机会是否适合自己，需要分析资源、团队能力的匹配程度。“90后”大学生王子月的创业故事很好地说明了匹配性分析的意义[1]。截至2015年年底，王子月已经拥有300家加盟店，获得11项国家专利，被评为“浙江省十佳大学生”，成功入围“中国大学生年度人物”。随着全民健身上升为国家战略，体育产业发展潜力巨大，体育院校大学生可以充分利用技术特长和专业优势，抓准机会自主创业。

（五）评价机会的持久性

创业机会的持久性，是指机会持续时间的长短与市场成长性。一般来说，好的创业机会一般具有可持久开发的潜力，并且能够为企业带来持续的竞争优势。

无人机的用途非常广泛，如在航拍摄影、电力巡查、环境监测、农业植保、抢险救灾等领域具有很强的持续性。因此，研发无人机就是一个很好的创业机会。数据显示，中国无人机制造公司“大疆”创新的产品在美国商用无人机市场占据领先地位，市场份额达47%，遥遥领先于排名第二的竞争者。而在全球商用无人机市场中，“大疆”更是独领风骚，一举夺得近70%的市场份额。“大疆”无疑已成为无人机领域的领军企业。同时，“大疆”在无人机工业、行业消费者以及专业航拍应用方面也做了很多探索，为消费者提供性能最强、体验最佳的革命性智能飞控产品和解决方案[2]。

随着我国人民生活水平的不断提高，人们对自身健康越来越重视，体育锻炼已成为人们日常生活的一部分。目前，体育产业的创业机会与创业机会持久性原则相匹配。

◎ 案例思考

万燕早飞和苹果成熟

1992年4月，美国国际广播电视技术展览会在美国拉斯维加斯举办，时任安徽现代集团总经理的姜万勐带着自己的同事赴美观展，被展览会上美国C-CUBE公司展出的一项不起眼的图像解压缩（MPEG）技术所吸引，他凭直觉立刻想到，用这一技术可以把图像和声音同时存储在一张小光盘上。此后，姜万勐先后出资57万美元，于1993年9月，将MPEG技术成功地应用到音像视听产品上，研制出一种物美价廉的视听产品——VCD。同年12月，他又与美籍华人孙燕生（时任C-CUBE公司董事长）共同投资1 700万美元成立了万燕公司。可惜万燕公司推出的第一批1 000台VCD影碟机，几乎都被国内外各家电公司买去做了样机，成为解剖的对象。中国的老百姓到了1994年年底才逐渐认识VCD影碟机。在这一年，万燕公司生产了几万台VCD影碟机，

[1]　王艳茹，王兵.创业基础课堂操作示范[M].北京：北京师范大学出版社，2014：140-143.

[2]　金红.无人机如果只知道大疆，你就真的弱爆了![EB/OL].（2015-04-18）[2022-01-04]. https://www.leiphone.com/category/zixun/Bhh5ttIauUCQeICm.html.

每台定价4 250元。1996年开始到1997年，中国的VCD市场每年以数倍的速度增长，销量从1995年60万台猛增至1996年600多万台，1997年销量达到1 000万台。只用了短短5年时间，VCD影碟机累计销量已有5 000万台，并催生了爱多、步步高、新科等国内响当当的品牌。但万燕公司却在这个产业中，从“先驱”成为“先烈”，其市场份额从100%跌至2%，也就在这一年，万燕公司被同省的美菱集团重组，成为美菱万燕公司。

世界上第一台平板电脑是台湾宏基2002年所推出的TravelMate C100，但是这个产品和安徽万燕公司一样都因为进入市场太早而夭折。现在最流行的苹果公司生产的平板电脑却是在2010年才推出的。苹果公司的策略是：首先在2001年推出了iPad以及iTune，在音乐播放器的生产上开始试水；在2007年，当市场的网络环境已经成熟时，苹果公司推出了第一代iPhone智慧型手机，开创性地将手机从通信工具变成社交工具；在2008年推出了AppStore这款软件商店平台，并不断丰富商品品种；到2010年，当苹果公司在软件内容拥有相对的竞争优势、网络环境对于移动上网变得友善、科技生产力得以生产出轻薄便宜的平板电脑之后，苹果公司才终于推出了iPad这个平板电脑产品，即便他们早在2004年3月就已经申请了相关专利。

进入市场过早的万燕公司，只是做了VCD影碟机市场的培育者，没能够成为市场的收获者；而苹果公司直到时机成熟才推出平板电脑，一经推出便备受推崇，销量一路走高。所以，“早一步是先烈，早半步是先驱”的说法不无道理。

▼ 小测试

1. 万燕公司的VCD项目为什么失败了？苹果公司的iPad项目为何取得了成功？
2. 本案例对你有何启发？

二、创业机会评价的方法

创业机会常用的评价方法包括史蒂文森法、隆杰内克法、巴蒂选择因素法、标准打分矩阵法、普坦辛米特法等。

（一）史蒂文森法

霍华德·史蒂文森（Howard Stevenson）认为可从以下几方面评价创业机会。

（1）机会的大小、存在的时间跨度以及成长性。

（2）潜在的利润是否可以用来弥补资本、时间和机会成本的投入，并获得令人满意的收益。

（3）机会是否开辟了额外的扩张、多样化或综合的商业机会选择。

（4）在可能的障碍面前，收益是否会持久。

（5）产品或服务是否真正满足了真实的需求。

（二）隆杰内克法

段特·隆杰内克（Dwight Longenecker）认为，以下五方面对创业机会的评价至关重要。

（1）对产品或服务有明确界定的市场需求，推出的时机也是恰当的。

（2）投资的项目必须能够维持持久的竞争优势。

（3）投资必须具有一定程度的高回报，从而允许一些投资出现失误。

（4）创业者和创业机会之间必须互相合适。

（5）创业机会中不存在致命的缺陷。

（三）巴蒂选择因素法

巴蒂（Batty）选择了11个对创业机会有重要影响的因素（表2-1），让使用者据此对发现的创业机会进行评价。如果某个创业机会只符合其中的6个或更少的因素，则这个创业机会很可能不可取；相反，如果某个创业机会符合其中的7个或以上的因素，则该创业机会将会大有希望获得成功。

表2-1　巴蒂选择因素法

序号	选择因素
1	这个创业机会在现阶段是否只有你一个人发现了
2	初始的产品生产成本是否可以承受
3	初始的市场开发成本是否可以承受
4	产品是否具有高利润回报的潜力
5	是否可以预期产品投放市场和达到盈亏平衡点的时间
6	潜在的市场是否巨大
7	你的产品是否是一个高速成长的产品家族中的第一个成员
8	你是否拥有一些现成的初始消费者
9	是否可以预期产品的开发成本和开发周期
10	是否处于一个成长中的行业
11	金融界是否能够理解你的产品和消费者对它的需求

（四）标准打分矩阵法

标准打分矩阵法（表2-2）选择对创业机会成功产生重要影响的因素，经由专家打分，对不同的创业机会进行比较。每一个因素由专家根据其重要程度给出1～3分的分值，1分为一般，2分为好，3分为很好。

表2-2　标准打分矩阵评价法

标准	专家评分			
	很好（3分）	好（2分）	一般（1分）	加权平均分
易操作性				
质量和易维护性				
市场接受性				
增加资本的能力				
投资回报				
专利权状况				
市场的大小				
制造的简单性				
广告潜力				
成长的潜力				

（五）普坦辛米特法

普坦辛米特法（Potentionmeter）（表2-3）是一种让创业者填写针对不同因素的不同情况，预先设定好权值的选项式问卷调查法。对于每个因素来说，不同选项的得分可以从-2～+2分，将所有因素的得分相加得到最后的总分。总分越高说明特定创业机会成功的潜力越大。只有那些最后得分高于15分的创业机会才值得创业者进行下一步的策划，低于15分的都应被淘汰。

表2-3　普坦辛米特法

序号	选择因素	评分（-2～+2）
1	对于税前投资回报率的贡献	
2	预期的年销售额	
3	生命周期中预期的成长阶段	
4	从创业到销售额高速增长的预期时间	
5	投资回收期	
6	占有领先者地位的潜力	
7	商业周期的影响	
8	为产品制定高价的潜力	
9	进入市场的容易程度	
10	市场试验的时间范围	
11	销售人员的要求	
	总分	

◎ 案例思考

体育初心不改　创新赢得未来

任谢浩宇，广西水上运动发展中心游泳退役运动员，国家级运动健将。

2017年停训后回到家乡杭州体校及俱乐部任游泳教练，积累了两年多的教学和管理经验，培育了一定的人际关系。2020年1月开始自主创业，成立了桐乡梦宇游泳培训有限公司，主要开展青少年游泳培训、体育特长生专项培训等业务。致力于运用专业的教学体系让每一位孩子真正地学会游泳，让更多的青少年在学会游泳的同时享受游泳的乐趣。

没想到刚创业就遇到了一场突如其来的新冠病毒感染疫情，打乱了所有的生活常态，也打乱了任谢浩宇撸起袖子加油干的美好期盼。游泳馆不准开放，培训班没法开课，开局即陷入了重围。

但任谢浩宇与他的伙伴们没有被困难打倒，他们相信阳光总在风雨后。于是他们创新教学思路，改变教学方式和手段，利用网络资源开发网上课程，采用线上直播居家锻炼打卡方式，对学员进行体能训练辅导，传递真诚的关爱，保证了学员在新冠病毒感染疫情期间停课不停学，隔空不隔爱的锻炼。这种新举措进一步提升了消费者的黏性，同时也为自己的公司赢得了良好的口碑。

2020年下半年新冠病毒感染疫情得到控制，复工复产有序推进，公司迎来体育事业发展的上升期，仅一年多的时间里，游泳单馆的长训人数达200余人，暑期培训人数上千人。公司也不断发展壮大，增加了体教融合业务，在浙江桐乡、嘉兴等地拥有3个培训场地，专为耀华国际学校（桐乡校区）、嘉兴诺德安达学校等提供游泳课服务。

业务的扩展吸引了不少的游泳退役运动员、高校精英来公司从事体育教育事业，为退役运动员提供了就业平台。在谈到创业成功的经验时任谢浩宇说：主要得益于有一支专业的教练团队，并注重学习借鉴先进教学经验，使学生的运动成绩提升显著；得益于注重教学成果考核，每个季度设定考核目标，形成良好的激励机制；得益于注重学生意志品质的培养，加强团队意识和进取精神的教育，促进学生运动健身与德智体美劳的全面发展，受到学生家长的普遍信任和广泛支持。

由于业绩突出，任谢浩宇2020年当选嘉兴市第七届青联委员，2021年初被评选为桐乡市青春创业榜样。在创业奋斗之余，他积极投身志愿服务和公益事业，参与2020年初新冠病毒感染疫情防控志愿者工作，加入蓝天救援队参与一线救援，积极为亲青筹、联合国儿童基金会等各类慈善机构捐款，奉献自己的爱心。任谢浩宇表示，在今后的生活和工作中，他将不忘创业初心，不负青春韶华，不断努力奋斗，以更加优异的成绩为中国游泳事业贡献自己的力量。

资料来源：戴晓倩.运动员成功创业案例：广西游泳退役运动员任谢浩宇不忘创业初心，不负青春韶华[EB/OL].（2021-08-27）［2022-05-03］. http://tyj.gxzf.gov.cn/xwzx/zsdt/t9920589.shtml.

三、创业机会评价的标准

无论采用什么方法评价创业机会，都应该把握一定的判断标准。这些标准主要包括创意及其竞争力、行业和市场、创业团队及项目的回报等。

（一）创意及其竞争力

创意是否具有价值，需要看其是否具有新颖性、真实性和价值性等特点。如果具备以上三个特性，就需要具体分析其在市场上的竞争力。一般来说，不仅要确认并列出所有竞争产品和竞争企业，而且至少要与三个满足相似市场需求的竞争者的产品或服务进行对比。企业通过分析突出自己产品或服务的差异性，形成独特的卖点。与市场上竞争者的产品或服务相比，企业的产品或服务至少须具备3～5个与众不同的特点。只有那些有价值和竞争力的创意，才值得投入时间和精力去开发。

（二）行业和市场

行业是指从事国民经济中同性质的生产或其他经济社会的经营单位或者个体的组织结构体系，如林业，汽车业，银行业等。

狭义上的市场是指买卖双方进行商品交换的场所。广义上的市场是指为了买和卖某些商品而与其他厂商和个人相联系的一群厂商和个人。当进行创业机会评价时，创业者首先要关注提供相同或类似产品或服务的行业，包括其竞争情况、收获条件等，在行业的“机会窗口”打开期间进入才能获利；其次要关注消费市场，只有消费市场足够大，才能收回成本，获取利润。

创业者一定要清晰界定细分市场。一般来说，市场数据应至少三年收集一次，要尽可能多地收集二手数据。充分竞争的行业和有较大潜力的细分市场可以为创业机会的成功开发提供基本保障。

（三）创业团队

创业团队永远是创业中最核心的因素，是决定创业成败的关键，也是潜在投资者最看重的因素。创业团队的评价是项目评价中最重要的标准之一。在进行评估时，要确保创业团队中至少有一人具备新创意所属行业领域的相关经验，而且团队成员要对拟开发的项目感兴趣，以保证创业机会被成功开发。

（四）项目的回报

创业的目的之一便是获取经济回报，因此，经济因素和投资回报也是评价创业机会时需要重点考虑的因素。创业者应尽可能地在成本效益原则的指导下，在较短时间内，以较低成本获得较高的回报。

一般来说，成长较快、收益率较高的行业都是具有吸引力的领域，值得进行创业尝试。当然，这样的领域也会是竞争较激烈的领域。所以，创业者在开发创业机会时要能够进行风险分析和管理，并设计好商业模式。

▼ 小测试

1. 如何评价创业机会的可行性和匹配性？
2. 如何判断创业机会的竞争力？

▼ 复习思考题

1. 什么样的创意是有价值的创意？
2. 创业机会评价有哪些方法？
3. 你认为创业机会评价的标准有哪些？

▼ 讨论性问题

1. 你如何看待创新、创意和创业的关系？
2. 创业的作用有哪些？你是如何理解的？
3. 创业机会的识别需要考虑哪些关键因素？
4. 创业机会评价时要关注哪些因素？

▼ 实践性问题

教师请学生走访身边或者从网上搜集两三家初创企业的信息，分析以下问题：

1. 创业者的想法来源于何处？
2. 创业者是如何从众多的想法中识别出创业机会的？
3. 创业者是如何评价目前的创业机会的？

第三章 体育院校大学生要用好创业资源

◆ 本章学习目标

1. 了解创业资源的类型。
2. 掌握创业资源整合的原则、意义和过程。
3. 熟悉创业融资的方式和渠道。

第一节 创业资源概述

资源对于创业者就好比颜料和画笔对于画家，只要拥有了创意的灵感和创作的画布，画家就能通过笔墨纸砚来挥毫泼墨。同样，对于创业者来说，只有具备足够的资源，才能将好的创意和符合市场需求的创业机会付诸实践。因此，具备相应的创业资源是创业者取得成功的必要条件。成功的创业者注重利用、优化和管理资源，使创业团队的有限资源效益最大化。

一、创业资源的内涵

创业资源，是指初创企业所必需的各种生产要素和基础条件，它是初创企业建立和运营的必要条件。

从广义上讲，创业资源可界定为能够支持创业者进行创业活动的一切资源，它既包括可见的物质资源，如资金、机械设备、厂房等，也包括不可见的无形资源，如创业团队、技术、创业战略、创业方案等；既包括创业者实际拥有的资源，也包括创业者可间接获取的资源，如广泛的社会关系等；既包括体现创业者个性特征的个体资源，也包括社会性、组织性的资源；既包括国内提供的各种资源，也包括国外提供的丰富资源。总之，广义的创业资源包括使创业者的创业活动顺利完成的一切支持性资源。

从狭义上讲，创业资源是指帮助创业者启动创业活动，建立企业盈利模式的业务系统所必需的、重要的资源和能力，如麦当劳的标准化资源和能力、海尔的技术创新资源和能力、沃尔玛的低成本战略资源和能力。并不是企业的所有资源和能力都同等宝贵，也不是企业的每一种资源和能力都是必需的，只有与企业定位、盈利模式、整体经营系统流程、现金流等构成因素相符合，同时又能互相利用的重要资源和能力，才是企业最终所需要的创业资源。

◎ 案例思考

难舍冰雪，退役后投身冰鞋研发，回报体育

2007年短道速滑运动员王阳退役后，发现了中国冰雪装备市场的空缺，中国的冰鞋市场几乎都被进口冰鞋所垄断，针对这种局面，他有了研发符合中国人脚型特点的国产冰鞋的想法。

通过给运动员试穿等方式，王阳利用运动员反馈的建议，使国产冰鞋的生产制备工艺技术不断进步。在得到了国内顶级专业运动员认可之后，王阳的公司成功投产。

王阳的公司每年服务于中国专业运动员400人次，一批又一批的运动员穿着其公司自主研发的冰鞋，取得优异的成绩，并进入国家队。

此外，王阳的公司于2013年收购了澳大利亚PENNINGTON公司并开始独立研发冰刀产品，2014年与荷兰海盗冰刀（VIKING）公司签约，获得了海盗冰刀（VIKING）公司在中国的独家代理销售权。王阳的公司自2010年起至今一直是中国国家速度滑冰队和短道速滑队单一来源采购定点单位。

资料来源：佚名. 难舍冰雪，退役后投身冰鞋研发，回报体育[EB/OL].（2022-02-25）[2022-09-20]. https://www.sport.gov.cn/n4/n220/c24045790/content.html.

二、创业资源的类型

（一）创业资源的分类

了解创业资源的分类可以帮助创业者进一步认识创业资源。按照不同的划分准则，创业资源可分为以下三种不同的类型。

1. 直接资源和间接资源

根据各种资源要素对企业发展的积极参与程度，创业资源可分为直接资源和间接资源[1]。人才、资金、市场、管理等资源是直接参与企业战略规划的资源要素，可以定义为直接资源；政策、信息、科技等资源可为企业成长提供更多便利和支持，但非直接地参与创业战略的制定和执行，可以定义为间接资源。

[1] 创业基础课件第四章. 创业资源[EB/OL].（2018-06-26）[2022-05-26]. https://www.taodocs.com/p-110822895.html.

2. 核心资源和非核心资源

核心资源主要包括人才资源、管理资源和技术资源。人才资源是中小企业创新的重要源泉，而高素质人才的获取和挖掘是中小企业可持续发展的关键，特别是创业者自身素质对初创企业的持续发展有着举足轻重的作用。管理资源又可理解为创业者及其创业团队管理素质方面的资源。技术资源是一种积极的机会资源。对于初创企业来说，积极吸引、寻找，甚至研发具有重大商业价值的新科技产品，是企业在激烈的市场竞争中占有一席之地的核心资源。例如，腾讯公司通过模仿研发了QQ，开发了方便的即时对话窗口，随后又通过自我革命设计了微信，牢牢占据了移动互联的先机。此外，信息资源在当今经济社会活动中发挥着越来越重要的作用。信息资源是指信息经过加工处理，成为对决策有用的数据，开发和利用信息资源可以推动创业项目的持续发展。因此，信息资源也是核心资源。

非核心资源主要包括资金资源、场地资源和环境资源。资金资源是初创企业开发机会、达到预期收益目标和保持稳定的流动资金周转率的重要保证。优越的场地资源则可以为初创企业大幅度降低生产运营成本，并创造有利的生产运营环境。环境资源是影响初创企业发展的一种外围资源，具体包括金融支持、政府项目、创新教育和培训及创业商务环境。

3. 内部资源和外部资源

按照初创企业资源的“归属权”，创业资源可分为内部资源和外部资源。

内部资源来自初创企业内部的长期积累，由创业团队掌握，可以自主支配和运用。例如，创业者所有的土地、设备、自有资金、技术、创业团队、员工、自身所掌握的物质资源、自建的企业网站、商业信息及经营管理能力等都属于内部资源。

外部资源更多来自外部机会发现，并不归初创企业所有。例如，借用朋友、亲戚、商务伙伴或其他投资者的资金，或者聘请的人员和租借到的场地、设备或其他原材料（有时是由消费者或供应商免费或廉价提供的），以及通过提供未来服务、机会等换取的资源；有些还可能来自社会团体或政府资助的管理帮助计划。外部资源有时通过具有某些共同利益的合作方来获取，如通过广告商、销售商、技术提供者、原材料供应商等来获取外部资源。

（二）创业资源的形态

按照资源对企业发展的作用，创业资源可分为要素资源和环境资源两大类。要素资源，是指直接参与企业生产、经营活动的资源，包括场地资源、资金资源、人才资源、技术资源等；环境资源，是指未直接参与企业生产经营，但能够极大地提高企业运营效果的资源，包括政策资源、信息资源、文化资源、品牌资源等。要素资源可以直接推动企业的成长，而环境资源可以影响要素资源，间接促进企业的发展。

1. 要素资源

（1）场地资源。

场地资源是最基础的资源，所有企业都需要办公场所。对于生产型的企业而言，还需要用于生产的厂房，厂房的选址需考虑环境因素和成本问题。例如，传统经营型和服务型企业要求场地内部拥有完善的基础设施建设、快捷的网络和通信系统、良好的物业管理和商务中心，以及方便的周边交通和生活配套设施等；知识密集型企业还应注重场地环境要能展现企业的形象与文化。以上这些要素将成为企业吸引人才和其他合作者加入的重要条件。

（2）资金资源。

资金资源对所有企业都非常重要。初创企业在发展过程中的不确定性和脆弱的风险承担能力容易导致资金供给不足，同时企业存在资金的局限性、投融资业务渠道不畅通、投融资业务各方信息的交流受阻等问题，导致难以引进新的技术、制订周密的商业规划，甚至实施过程中出现企业停产情况。当初创企业资金遇到困难时，其灵活性优势无法得到充分发挥，增加了初创企业财务的风险，使其面临比大企业更易倒闭的风险。及时的银行贷款和风险投资、各种政策性低息或无息扶持基金，以及写字楼或者孵化器提供的较低租金等，都可以为初创企业的发展提供良好的资金来源。

（3）人才资源。

人才资源是企业发展的动力源。初创企业急需能够为我所用的人，而从创新管理的视角来看，初创企业更需能“将企业绑在一辆战车上的斯巴达斗士”，而不只是一名职业人。所以在恰当的职位选用恰当的人，是任何一家企业在发展壮大过程中需遵循的人力资源管理原则。创业者的人脉资源也是决定创业成功的重要因素。创业者靠自己的人脉资源组建核心团队，如血缘、地缘、业缘，同乡、校友等都是重要的人脉资源。有人说，得合伙人者得天下。例如，腾讯五虎、携程四君子等都是利用校友资源，成为合伙人并组建了团队。体育院校大学生具有良好的人际交往能力，可以积累良好的人力资源。

◎ 案例思考

良好的人际关系助力专业运动员邹小凤创业

邹小凤，专业运动员，曾获全国跳水冠军赛团体第六名，退役后进入广西大学广告学专业学习。因有跳水运动员的经历和基础，她在大学时期就成为学校啦啦操队的主力队员，拥有更多参加社会表演交流活动的机会，积累了一些社会经验。毕业后曾做过汽车销售、金融保险、房地产广告等工作。

2013年，她辞去朝九晚五的工作，到培训机构担任啦啦操兴趣班的老师，期间多次带领队伍参加市级、省级和国家级的赛事活动并取得优异成绩，个人也获得很多荣誉。几年里，邹小凤不断充实提升自己，积极参加各种培训班，努力提高自身素质和教学技能，逐渐成为啦啦操国家一级裁判员、啦啦操国家一级教练员、全国啦啦操七彩星级A级培训师、全国啦啦操七彩星级A级考官、中级健身教练国家职业资格。

2019年，邹小凤开始了自己的创业之路，注册成立了南宁市极光星啦啦操青少年体育俱乐部，主要业务是普及和推广啦啦操运动知识，提供青少年啦啦操运动相关咨询服务，进入校园开展啦啦操的知识培训和技术训练，开展啦啦操线下和线上培训等。

邹小凤在多种岗位上工作过，积累了很多社会经验和工作经验，拥有良好的人际关系。其俱乐部成立后很快便得到了学员、家长和社会的认可。其事业不断发展壮大，如今已拥有教学点8个，在教学点训练的学员有500余人。

资料来源：戴晓倩.运动员成功转型案例：广西跳水退役运动员邹小凤：努力付出，就能遇见更好的自己[EB/OL].（2021-08-12） [2022-09-12]. https://www.tyrc.org.cn/a/zhdt/2021/0812/4764.html.

（4）技术资源。

在当今创业时代，技术资源是企业成长与发展的强大助推器，技术的进步能够极大地影响企业的产品、市场、服务、供应商、分销商、消费者甚至营销方式等，能够有效降低企业的生产成本，提高企业的竞争力。高科技初创企业更是依靠开发和制造高新技术产品取得竞争优势。积极引进具有重大商业价值的新科技成果，并加大与高校科研机构的产、学、研联合，可以提高产品研发与成型的速度，缩短产品进入市场的时间，为初创企业提高市场竞争力提供强有力的保障。例如，华为多年来走的就是一条自主研发和创新的道路。2016年全球研发投入排名前十的企业中，华为名列第九，研发投入约92亿美元（约630亿元人民币），超过苹果、思科等行业巨头。2020年4月，在华为举行的中国区春季新品发布会上，华为消费者业务CEO余承东介绍，2019年一年华为的研发投入高达1 317亿元人民币，占销售收入比例达15.3%。体育院校大学生的技术资源来源于本身扎实的体育专业基本功和专业运动技能，这充分发挥了体育院校大学生创业所需的技术资源优势。

2. 环境资源

（1）政策资源。

政策资源不仅包括国家支持企业发展的政策制度，还包括相关配套措施及法律法规。体育院校大学生创业者应熟悉并掌握更多的政策资源，及时、准确地把握国家政策导向和市场需求，发掘并捕捉到更多更好的创业机会，形成创业项目。目前从我国的创业环境来看，国家和地方政府以及一些社会机构都给予初创企业大量政策扶持。在政策允许的条件下，为初创企业提供更多国内外的人才、信贷和融资、具有明确产权关系的科技成果、各种服务及场地优惠等政策资源。随着“双减”政策的出台，“体教融合”理念的提出，体育的权重在义务教育课程中的提高，为体育院校大学生创业提供了强有力的政策支持。2014—2021年国家出台促进体育产业发展的宏观政策（部分）见表3-1。

表3-1　2014—2021年国家出台促进体育产业发展的宏观政策（部分）

年份	主要政策
2014	《国务院关于加快发展体育产业促进体育消费的若干意见》（国发〔2014〕46号）等
2015	《财政部、国家税务总局关于体育场馆房产税和城镇土地使用税政策的通知》（财税〔2015〕130号）等
2016	《全民健身计划（2016—2020年）》（国发〔2016〕37号）、《中国足球中长期发展规划（2016—2050年）》（发改社会〔2016〕780号）、《“健康中国2030”规划纲要》《国务院办公厅关于加快发展健身休闲产业的指导意见》（国办发〔2016〕77号）等
2017	《全民健身指南》《击剑运动产业发展规划》《马拉松运动产业发展规划》《自行车运动产业发展规划》等
2018	《国务院办公厅关于加快发展体育竞赛表演产业的指导意见》（国办发〔2018〕121号）等
2019	《国务院关于实施健康中国行动的意见》（国发〔2019〕13号）、《进一步促进体育消费的行动计划（2019—2020年》（体经字〔2019〕13号）、《国务院办公厅关于促进全民健身和体育消费推动体育产业高质量发展的意见》（国办发〔2019〕43号）、《体育强国建设纲要》（国办发〔2019〕40号）等
2020	《2020年全国体育政策法规规划工作要点》（体政字〔2020〕1号）、《关于大力推广居家科学健身方法的通知》《国务院办公厅关于加强全民健身场地设施建设发展群众体育的意见》（国办发〔2020〕36号）等
2021	《2021年群众体育工作要点》《“十四五”时期全民健身设施补短板工程实施方案》（发改社会〔2021〕555号）等

（2）信息资源。

良好的信息资源是企业发展的基础和保证。一个可持续发展的企业，信息一定是畅通、及时、准确的。梁伯强本来是广东一家产销人造首饰的大户，1998年他偶然看到报刊上的一则报道称，国产指甲钳质量不高，应努力提高轻工企业产品质量。这条信息让他意识到一个新的企业机会已经到来，于是他开始研发指甲钳。经过多年的努力，现在他是国内最大的中高档指甲钳供应商，年销售额达2亿元[1]。

（3）文化资源。

文化资源反映的是企业自身的软实力。良好的企业文化可以提升企业形象，是增强企业附加值的重要手段。文化对初创企业有着极大的精神激励作用，能够推动初创企业以更强的动力和能力去有效整合资源并创造价值。鼓励冒险、容忍失败等文化氛围是硅谷成功的关键因素。例如，雕爷牛腩是一家“轻奢餐”品牌，其烹饪牛腩的秘方是从电影《食神》的原型人物——香港食神戴龙处以500万元购得的。其拟用一种大家认同的文化，聚拢讲求品位的消

[1]　赵为民，黄丽陆. 梁伯强 指甲钳的品牌战[J]. 中国企业家，2002（4）：58-59.

费者，同时店面的装修、互联网上的互动都是为了共同营造一种独特的餐饮文化氛围[1]。

（4）品牌资源。

品牌资源，是指企业品牌自身以及围绕品牌的创建、传播、培育、维护、创新等方面的一切可利用资源。例如，经营300多个品牌、产品畅销140多个国家和地区的美国宝洁公司是世界最大的日用消费品企业之一。其产品包括化妆品、婴儿护理用品、家用护理用品、洗发护发品、饮料、食品、织物等。保洁公司采用了“一品多牌”的经营策略，拥有众多国际名牌，包括大家耳熟能详的舒肤佳、海飞丝、玉兰油、飘柔、汰渍、潘婷等。因此，品牌资源具有增值性、累积性、传播性、两面性及持续性等特征。

（三）创业资源与一般商业资源的异同

在管理学研究中，资源就是企业在向社会供应产品或服务的商业流程中，所具备或可以直接支配的有助于达成企业发展目标的各种基本要素或基本要素组合，这些要素或者要素组合包括企业所有的资产、信息、知识、能力、组织结构等，其是创业资源与一般商业资源的共同特点。与通常意义的商业资源有所不同，创业资源在以下三个方面有其独特性。

1. 创业过程

从创业过程来看，创业成长的过程就是创业者组合创业资源、形成产品或服务并创造价值的过程。熊彼特认为，“创业者的功能就是实现新组合”，这种新组合的对象就是创业资源，创业者实施新组合的途径包括产品或服务创新、原材料创新、工艺创新、市场创新和组织创新。新组合的目的就是实现产品或服务的市场价值并获得利润。因此，创业资源是创业者必须时刻放在最重要地位并反复估量权衡的对象。

2. 创业资源的获取途径

内部积累和外部获取是创业资源获取的两个主要途径。创业者刚开始创业，一般都会遇到资源短缺的问题。一方面，初创企业的创新与发展需要用到大量的资源；另一方面，初创企业自身还不够强大，内部资源积累不足，在创业过程中，创业者要积极把握各种外部资源，努力获取外部资源，利用外部资源促进初创企业的发展。

3. 创业资源的支撑条件

创业资源不仅包括一般意义上的生产要素，还包括一些支撑条件。相较于成熟的大企业，初创企业更需要一些成熟的支撑条件，如政府的特许或优惠政策、良好的创业文化氛围等。如果没有这些支撑条件，创业者无法顺利开展创业活动或者根本无法开展创业活动。

---

[1] 孟醒. 雕爷牛腩[EB/OL].（2016-01-07）[2022-07-12]. https://baike.so.com/doc/6763195-26820598.html.

▼ 小测试

1. 创业资源包括哪些类型？
2. 创业资源与一般商业资源有哪些不同？

三、创业资源整合

（一）创业资源整合的原则

1. 循序渐进原则

对于任何初创企业而言，都很难完全发掘、配置和利用所有创业资源，必须遵循循序渐进的原则，根据对资源的需求程度以及资源开发和利用的成本、收益和不确定性的综合考虑，逐步寻找和利用各种创业资源。对于每一种创业资源，都应选择一个适当的整合时机，以减少各种资源的维护成本。

2. 互利共赢原则

创业者发掘和利用的每一种创业资源实际上都是一个相对独立的利益体。因此，当开发和利用这些资源时，不能只从初创企业的自身利益出发，而应坚持双赢的原则。尤其是长期使用的创业资源，更要重视对方的既得利益。

◎ 案例思考

互利共赢——体育专业大学生阿海创业成功的秘诀

体育生阿海（化名），毕业后在健身房做教练，后自主创业，先后做过康复治疗、游泳培训等行业。

凭借就业、创业所积累的经验，以及脚踏实地、吃苦耐劳、永不服输的韧性，阿海赢得了良好的口碑。一次偶然的机会，南宁一个知名房地产品牌新开发的项目为了聚集人气，吸引购房者，项目经理与阿海商谈，愿意将项目所属的健身场所免费交给阿海经营。阿海抓住机会，在项目小区建成健身中心，并对外开放，将其打造成社区10分钟健身圈，开设游泳、动感自行车、力量训练、舞蹈、跆拳道、形体培训、私人教练指导等健身培训项目。

场地免费使成本降低，健身收费相对便宜，对小区业主还有更多优惠，得到了业主和周边社区居民的喜爱和认可，到健身中心锻炼的人越来越多，人气很快旺起来。随着名声外传，小区购房者猛增，项目所有住房全部售罄。

随着事业的扩展，阿海成立了体育文化发展有限公司，继续与房地产公司和社区合作，业务还拓展到健身技能教练培训、青少年儿童体育技能培训、健康养生产品推广、健身器材销售、社区综合健身场馆设计规划、社区运动会赛事承办、高端健身场所打造等，事业越做越红火。

房地产项目拿出一定的场地资源与阿海具备的专业知识、懂经营的智力资源合作，实现了共赢。

3. 量力而行原则

对于初创企业来说，资源开发的能力和经验都相对较弱，因此就要遵循量力而行的原则。对于不同的创业资源，初创企业需要渐进开发和利用；即使对于同一种创业资源，初创企业也需要量力而行逐步开发。

（二）创业资源整合的意义

1. 有利于形成初创企业的核心竞争力

从企业初创到形成、成长和成熟，资源整合伴随着整个创业过程。创业者必须有效识别各类创新资源，并积极利用初创企业的内部力量进行资源整合。创业者需合理甄别与筛选、收集与分配、开发与激活各类资源，并经过长期不断的资源整合，把已有资源转变为竞争优势，形成初创企业的核心竞争力。在这个过程中，创业者不仅要广泛地获取创业资源，更要有效利用这些资源。那些善于进行资源整合的创业者更善于对初创企业未来发展趋势做出正确的预测和判断，初创企业更容易获得成功。

2. 有利于促进初创企业可持续发展

创业之初，创业者所需的各种资源往往只能通过创业者自身努力获得，资源的缺乏是初创企业普遍存在的问题。即便初创企业具有高度成长性，能够快速发展壮大，但在组织规模发展到一定阶段时，创业者往往会发现通过自身努力获取的资源远远不能满足初创企业发展的要求。所以，初创企业想要实现持续发展，获取创业资源尤其是外部资源是相当必要的。

3. 有利于提升创业者的能力

资源整合能力是创业者在进行资源整合时所表现出的对资源识别、获取、配置和利用的能力。通过资源整合，创业者能够更清晰地掌握企业在市场竞争中的优势和劣势，并在资源整合过程中不断提升自身的战略规划、技术开发、人员管理等方面的才能。

（三）创业资源整合的过程

创业资源的整合是一个识别资源、获取资源和开发资源的过程。具有不同创业动机的创业者，其创业过程不同，资源整合过程和路径也有所不同。从整体来看，创业资源整合的路径有两种：一是在能力构建机制下，对内部资源的积累；二是在资源获取机制下，对外部资源的利用。

1. 识别资源

企业创建和成长的过程是一个不断整合资源并逐渐形成竞争优势的过程，因此，正确识别创业资源对创业者来说至关重要。一方面，由于创业环境具有动态性，创业者会提高自身对市场变化的敏感度，从市场变化的角度来识别创业所需的资源；另一方面，在企业创建初期，创业资源网络还不稳定，资源识别在很大程度上要依赖创业者的自身特质。创业者不仅需要评估资源的类型，确定资源的数量、质量、使用时间和顺序，还需要识别资源之外潜在的供应商、供应渠道。

2. 获取资源

（1）内部积累。

内部积累是一种重要的资源获取方式，主要是指企业利用自身已有资源，通过内部培育的方式来获取所需资源。其主要方式包括初创企业内部开发新技术、对团队成员进行培训以提高他们的技能、通过内部积累获得资金等。对于初创企业来说，内部积累是必要的资源获取方式，因为市场不可能为初创企业提供所需的全部资源，内部积累能够解决这些问题。

◎ 案例思考

海尔集团的内部发展成长

海尔集团（以下简称“海尔”）是国内知名的家电生产企业，它从最初默默无闻的国有小企业一步步成长为今天的国内知名家电厂商，是因为其特别注重内部资源的积累。

海尔以技术创新为核心，中国洗衣机行业2/3的专利来自海尔。海尔每年投入销售收入的4%用于新产品、新技术的研发，这给企业带来很大收益：当年80%的销售收入也是来自新产品。

海尔充分挖掘人力资源，重能力而不重学历，对各类员工进行岗前教育和岗中培训，鼓励员工求学上进、发奋向上；对各级管理人员采取轮岗培养，并与国际著名企业进行交流，提高企业管理人员的管理水平；注重内部企业文化的塑造，在学习了美国、日本企业推崇的创新精神与团队精神的基础上，与中国传统文化相结合，建立了自己的文化；还提出了企业管理中的

"斜坡球体论"——海尔定律，认为企业如同斜坡上的球体，市场竞争与员工惰性会形成下滑力，牵引员工后退，而企业必须形成一个向上的制动力来阻止下滑。

海尔不仅注重产品质量，还特别注重内部管理能力提升，内部管理能力不像有些资源那么容易识别，它是有形资源、组织协调、投入产出等综合作用的结果。海尔强调从产品研发、生产制造到市场营销，不断强化个人能力和组织能力，要求做到更高质量、更低风险。

资料来源：郭小金.实施人才资源整合　提升企业核心竞争力：海尔集团人才资源整合案例分析[J].经济论坛，2010（10）：169-172.

（2）外部获得。

外部获得又分为外部购买和外部吸引两种方式。外部购买，是指初创企业利用财务杠杆在外部战略要素市场上购买所需的资源，主要包括设备、厂房等。早期国产汽车的生产以购买技术进行开发为主，后来大多以合资设厂的方式共同开发生产。外部吸引，是指初创企业利用自身的资源来撬动和获取其他资源，可以通过战略联盟或兼并收购的方式来实现。从资源获取方式的角度来说，良好的社会资本为初创企业获取资源创造有利条件，使其获得信任，为其创造机会，使其获得资源。初创企业的形象越好，获取社会资本的能力就越强，就越有利于获取资源。

3. 开发资源

开发资源，是指创业者根据不同的创业理念将资源的价值和潜能加以整合，转化为初创企业所特有的资源。资源的开发过程不单单要将获得的资源加以整合，还要将创业者及其创业团队的初始资源和其他资源一起转化为组织资源，以获得特有的能力和功能。一般来说，资源开发过程可分为资源合并和资源转化两个环节。

（1）资源合并。

资源合并，是指创业者通过把各种分散资源进行整合，形成系统资源的过程。对于大多数初创企业而言，组织资源不是立即形成的，而是经过一定周期的发展后逐渐形成的。这一形成过程是建立在初创企业现有的资源和能力基础之上的，其既可以使初创企业现有能力得到提升，也可以通过吸收新的资源、开发新的能力，最终完成资源的整合。

（2）资源转化。

资源转化，是指在对分散资源进行组织和整合的同时，创业者及其创业团队还需要把个人的优势资源和个人的能力投入初创企业之中，与组织优势相结合，使其产生独特的竞争优势。在资源转化过程中，创业者具备的知识和能力是实现初创企业资源规模不断扩大、价值逐渐提高的必要基础。创业者通过个人的能力来构建初创企业学习体系，从而开发、管理和维持整个资源基础。例如，创业者要利用一种历史文化资源开展产品——少数民族织锦的市场营销活动，就需要对这种资源进行具体的挖掘，找出与该产品相关的连接点，并利用传说故事加以创作、设计，以此把历史的文化资源转变为产品包装资源、宣传资源，再利用一定的渠道资源进行推广，从而完成资源的转化。

◎ 案例思考

昆仑决：打造世界知名格斗品牌

有这样一支团队，他们在用自己的方式诠释着华夏几千年传承的尚武精神；在新时代的感召下，他们打破了传统观念的束缚，将武术搏击与移动互联融合发展；他们追求变化与创新，从赛事安排到结构设置都力求让观众眼前一亮！他们的出现，大力推进了中国搏击体制机制的飞跃，走出一条符合时代特征的搏击产业之路。

这支团队叫作“昆仑决”，初见这三个字便让人联想到两位世外高人决战昆仑之巅的壮观场景。“昆仑决”是由昆尚传媒主责，携众合作企业倾力巨制的中国格斗顶级系列赛。在“昆仑决”的擂台上，从不缺乏搏击大腕的身影，开播后短短4个月的时间里观众们共同见证了马库斯与阿迪萨亚的巅峰对决，也欣赏了“泰拳王子”播求智取“澳洲猛兽”维克多的精彩表现，还领略了“武僧”一龙醉拳巧胜韩国拳王崔佑荣的深厚功底。与对抗性极强的拳台相契合，在移动互联这个广阔平台，由中搜搜悦开发的全球首款格斗资讯类移动客户端“昆仑决App”与“杨建平App”，给手机用户提供了最便利的信息了解渠道；此外，网民还能通过国内门户网站、视频网站、昆仑决官网、昆尚传媒微信公众平台等媒介及时了解到“昆仑决”的最新动态和比赛录像。

可以说，在昆尚传媒董事长姜华的带领下，“昆仑人”跳出了传统武术搏击的惯性思维模式，借助高速发展的现代科技，将“搏击”与“互联”有机融合，形成“线上线下多维发展、拳台内外相得益彰”的可喜局面。

资料来源：佚名. 昆仑决：改变中国搏击浪潮 打造世界第一格斗品牌[EB/OL].（2014-05-26）[2022-07-12]. http://sports.sina.com.cn/o/2014-05-26/18057182630.shtml.

综上所述，初创企业的资源整合是将初创企业的各种分散资源转化为组织资源，各个环节之间相互依赖，是一个动态的过程。初创企业经过资源识别、资源获取和资源开发过程后，在组织内部积累了一部分组织资源，而这些组织资源又会进入下一个资源整合过程，并对各个环节产生影响。新开发的组织资源将作为下一环节的初始资源影响资源识别过程，还将通过创业者的资源杠杆来获取其他资源。因此，初创企业的资源整合过程是一个动态的反馈过程，而初创企业的组织资源是一个不断积累的过程。

◎ 案例思考

美特斯邦威整合资源创业

美特斯邦威依靠多方合作实现了迅速成长，成功演绎了相互依附、共同发展的赢利模式。

美特斯邦威是温州农民周成建创办的一家小型服装企业。与众不同的是，该企业既不生产成衣，也不销售衣服，而只是进行虚拟经营：主要做好两件事，即服装设计和品牌运营。周成建注意到，服装行业与其他行业一样，其较高价值环节在于品牌、研发和销售，低价值环节为生产、原材料供应等。在生产和采购方面，他决定委托给其他厂家，以解决启动资金不足的问题。他充分整合利用国内生产厂家的闲置生产能力，与300多家企业合作，进行贴牌生产，每年生产系列服装1 600多万套。如果他自己花钱建设生产基地，起码需投入2亿～3亿元人民币。销售方面，他利用品牌的吸引力整合社会闲散资金，进行特许经营，开国内服装业的加盟连锁经营之先河。周成建设计了严格的管理体系，通过契约方式授权加盟店代理品牌，加盟店使用公司统一商标、标识、商号和服务形式。公司对所有加盟店实行"复制式管理"，规定店面形象、产品价格、市场宣传、物流配送及服务等"五个统一"，并对加盟店进行指导培训，共享管理资源。据统计，其营销体系中，只有15%为直营店。借"加盟连锁"模式，公司节省了1亿多元的市场开发成本，使其以最低成本快速扩张。企业成长起来以后，公司又投资1 000万元引进美国系统，通过不断完善网络建设，对专卖店实施远程管理，不仅实现了资源和信息共享，而且加快了供应链上的物流速度。

资料来源：佚名. 美特斯邦威的创业故事：巧妙利用资源以壮大自身实力[EB/OL].（2021-08-27）[2022-07-12]. https://www.llysc.cn/content/51-266625.html.

▼ 小测试

在初创企业资源开发过程中，资源是如何合并与转化的？

第二节　如何筹集创业资金

资金是企业的"血液"，是创办企业最基本的要素，也是最重要的创业资源之一。资金问题已成为困扰创业者的核心问题，初创企业融资更是困难重重。许多创业者虽然有了很好的创业计划，却难以筹集到创业所需资金。

创业融资困难的原因有两点：一是初创企业自身资源有限，没有经营历史，未来发展前景不确定，潜在投资者很难预测其未来的发展状况，所以潜在投资者对初创企业的投资往往十分慎重；二是创业者往往会掩饰初创企业存在的问题，展现的是初创企业优秀的一面，潜在投资者对初创企业的产品、创新能力、团队实力、市场前景等信息掌握不充分，导致潜在投资者对创业者不信任，而潜在投资者不会将资金投给一个自己不了解的企业。

一、如何估算创业启动资金

企业创办之初，创业者不仅需要预估所需创业成本或启动资金，还需要考虑融资数额。许多创业者在创办企业的过程中无法确定初创企业需要多少创办资金，没有科学具体的财务计划指导，对企业未来资金流入与流出量没有清晰的把握；因此，创业者应树立财务规划的理念，做好创业资金估算。通常，创办企业的资金分为投资支出和运营支出两类。

（一）投资支出

投资支出，是指企业开始运营（做贸易、生产或提供服务）之前必须支出的资金，包括购买土地、建设厂房、购买机器、购置办公设备、企业开办、开业前的广告宣传等费用。其中，企业开办费主要包括企业注册登记费、营业执照费、市场调查费、咨询费和技术资料费等，可以根据相关部门收费标准或参考同行业情况进行测算。

（二）运营支出

运营支出，是指企业从运作开始，直到产品的销售收入能弥补相应的开支期间发生的费用，包括材料费、水电费、销售费、设备维修费、工资福利支出、工商管理费、保险费、税收等。创业者通常只考虑机器、设备、办公费、材料费等基础投入，忽略了企业在开始经营的一段时间内其销售收入根本无法满足各项支出需求的情况，因而常常低估这部分资金的需求量。企业开办后在产品销售过程中发生的各种费用，主要包括广告宣传费用、销售人员佣金、运输费、装卸费、储存费、各种促销费用等，可以根据预测的销售量和制订的销售计划，按照相关收费标准进行测算加总。

对于初创企业而言，可以对创办成本和运营前期成本进行估算的加总来得出创业启动资金预算。

◎ 案例思考

体育人不服输　心所致，梦必达

陈丽，女，2006年3月进入广西田径运动发展中心田径队，2010年9月停训考入广州体育学院，在校期间她就在健身馆兼职做健身教练。毕业后回到南宁在诺伯曼运动会馆担任健身教练。2017年和朋友合伙在南宁东盟商务区开了一家瑜伽馆，由于经验不足，第一次创业以失败告终，亏损约13万元。

因为体育人不服输的性格，2018年8月陈丽参加广西体育人力资源开发和保障中心举办的退役运动员职业转型暨健身教练培训班，通过考试取得中级健身教练国家职业资格，激发了她在健身行业再次创业的动力。她吸取第一次创业的教训，提前做好创业计划、市场调研，并根据健身行业的特点和要求，选择在商业繁华、人口较多的南宁市江南万达广场租下140平方米的写字楼。2019年1月正式注册成立南宁市鹰健健身工作室，主要经营健身服务、减脂、塑形、调整体态、孕期运动、产后恢复、普拉提、泰拳等项目。

经过一年的用心经营，工作室逐渐开始步入正轨。正筹划2020年扩张，突如其来的新冠病毒感染疫情把一切都打乱了，让她和伙伴们措手不及。2020年下半年随着疫情的逐渐平稳，苦等许久的健身行业终于迎来了重启信号，陈丽凭借自己的专业能力和敬业的精神树立了良好的口碑，用实力说话，用实力赢得资源，除了消费者资源陆续回归，还带来了新的消费者资源。2020年下半年她健身工作室的伙伴每个月的个人业绩都能达到5万元以上，旺季能达到10万元以上。如今健身工作室正逐渐走上正轨，不但拥有稳定的消费者，还不断增添“慕名而来”的消费者。

陈丽感言：只要积极保持思维更新，即使在危难中也能找到突破口。有实力，无所惧，心所致，梦必达。

资料来源：戴晓倩. 运动员成功转型案例：广西田径退役运动员陈丽：有实力，无所惧；心所致，梦必达[EB/OL].（2021-08-17）[2021-09-12]. https://www.sport.gov.cn/rlzx/n5622/c23461704/content.html.

二、创业融资的方式

按照融资主体不同，创业融资的方式可分为内源融资和外源融资。内源融资是指企业依靠其内部积累进行的融资，外源融资是指企业通过某种方式从外部融入资金。

相对于外源融资，内源融资可以减少信息不对称问题，节约企业的交易费用，降低融资成本；也可以增强企业的剩余控制权。但是，内源融资能力及其增长，要受到初创企业的盈利能力、净资产规模和未来收益预期等方面的制约。因此，企业在发展过程中要确定内源融资与外源融资的合理比例。

内源融资与外源融资的区别，如表3-2所示。

表3-2　内源融资与外源融资的区别[1]

分类		来源渠道	特点	投资者
内源融资	股权融资	主要股东投资（原始资本）	原始启动资本	主要股东
		保留盈余（公积金、公益金和未分配利润）	来自企业的税后利润，无风险，融资成本较低，但数量有限	主要股东
	债权融资	主要股东及其亲友的贷款	在企业发展初期较为常见，透明度高，灵活性强，少有信息不对称问题，但利息成本较高	主要股东及其亲友
		事业天使贷款	事业天使指定用途，受监督	有管理／技术技能的人士
		企业内部职工借款	以风险抵押金的方式出现，发达经济体中常见	企业职工
外源融资	私募方式	创业投资	20年来发展迅速 中小型高科技企业的融资方式	创业投资者和机构
		场外发行和交易市场	机构投资者、有限合伙制机构参与的投资场所，以股权交易和发行新股的方式筹资，是中小企业股安全整合的市场	个人和各种机构投资者
		主板市场	只有少数的中型企业采用	各种投资者
		二板市场	成长性较好的中小型企业融资和创业投资的重要场所	
	直接方式	发行商业票据	少数信用级别较高的中型企业采用	相关客户
		发行债券	少数发展良好、社会信用较好的中小型企业的融资方式	社会公众
		商业信用	提供方以延期收款或购货方以预付方式提供企业的信贷	相关交易客户
	间接方式	银行信用	传统的、主要的融资渠道之一，存在信息不对称、道德风险	商业银行
		非银行金融机构贷款	银行以外的其他金融机构提供的信贷	非银行的金融机构
		融资租赁	常见的融资方式之一，风险和成本均较低，而且方便、灵活	相关金融机构

三、创业融资的渠道

融资渠道，是指筹措资金来源的方向和通道，体现着资金的源泉和流量。根据体育院校大学生创业的特点，融资渠道的种类包括自有资金、政策性融资、银行贷款、天使投资等。创业者只有对各种融资渠道的特点、融资成本、获取条件等进行详细了解，才能选择最适合的融资方法。融资渠道的种类具体如下。

[1]　创业指导课题组.大学生创业指导教程[M].北京：中国传媒大学出版社，2012.

（一）自有资金

创业者最重要的资金来源就是自有资金。研究发现，近70%的创业者依靠自己的资金为企业提供资金。即使是具有高成长潜力的初创企业，在很大程度上都将创业者的存款作为初始资金。一方面，创业者比任何潜在投资者都了解初创企业的商业机会和前景，创业者投入资金本身就是对初创企业的一种支持和信任；另一方面，潜在投资者也希望创业者能将自己的钱投到初创企业，说明其本身对创业项目有信心。创业者自我融资能缓解部分资金压力，但当所需资金压力较大时，就需要利用其他方式融资了。

（二）政策性融资

目前，体育院校大学生创业者需要关注的融资优惠政策主要包括以下三种。

1. 国家科技计划项目和地方各级政府的引导基金

国家科技计划项目包括国家重点研发计划、科技基础平台建设和政府引导类计划（如星火计划、火炬计划及科技型中小企业技术创新基金等）项目。各类科技计划及创新基金主要资助具有自主创新能力、科技含量高、市场前景好的研究开发项目，如软件、生物、医药等项目。政府引导基金又称创业引导基金，是指各级政府出资，并吸引其他资金参与，主要采取投资于股权投资基金、创业投资基金等市场化方式，引导社会各类资本投资经济社会发展的重点领域和薄弱环节，支持相关产业和领域发展的资金。孵化基金是一种创建的时候由私人提供资金的基金。产业投资基金，是指向具有高增长潜力的非上市企业进行股权或准股权投资，并参与被投资企业的经营管理，以便在被投资企业成熟后通过股权转让实现资本增值的基金。

2. 创业小额贷款

创业小额贷款，即政府为切实解决创业者资金瓶颈问题，努力为中小企业以及青年创业者提供更多的金融支持，引导广大青年自主创业和自谋职业推出的创业优惠贷款。许多地方政府也推出了一系列贷款优惠政策，如青年创业小额贷款、大学生创业小额贷款、创业贴息贷款及各类微型信贷等政策。

◎ 拓展阅读

《国务院办公厅关于进一步支持大学生创新创业的指导意见》（节选）

鼓励金融机构按照市场化、商业可持续原则对大学生创业项目提供金融服务，解决大学生创业融资难题。落实创业担保贷款政策及贴息政策，将高校毕业生个人最高贷款额度提高至20万元，对10万元以下贷款、获得设区的市级以上荣誉的高校毕业生创业者免除反担保要求；对高校毕业生设立的符合条件的小微企业，最高贷款额度提高至300万元；降低贷款利率，简化贷款申报审核流程，提高贷款便利性，支持符合条件的高校毕业生创业就业。鼓励和引导金融机构加快产品和服务创新，为符合条件的大学生创业项目提供金融服务。

资料来源：摘自《国务院办公厅关于进一步支持大学生创新创业的指导意见》（国办发〔2021〕35号）。

3. 小额担保贷款

小额担保贷款，是指通过政府出资设立担保基金，委托担保机构提供贷款担保，由经办商业银行发放，以解决符合一定条件的待就业人员从事创业经营自筹资金不足问题的贷款，主要用作自谋职业、自主创业或合伙经营和组织创业的开办经费和流动资金。国家规定个人申请额度最高不超过5万元，各地区对申请小额担保贷款额度有不同规定，许多地区额度高于5万元，而且合伙经营贷款额度更大。小额担保贷款的期限一般不超过2年，可延期1年。

（三）银行贷款

银行贷款，是指企业通过向银行借款以筹集所需资金的一种融资方式。从目前的情况来看，银行贷款有以下四种方式：一是抵押贷款，是指借款人向银行提供一定的财产作为信贷抵押的贷款；二是信用贷款，是指银行仅凭对借款人资信的信任而发放的贷款，借款人无须向银行提供抵押物；三是担保贷款，是指以担保人的信用为担保而发放的贷款；四是贴现贷款，是指借款人在急需资金时，以未到期的票据向银行申请贴现而融通资金的贷款。银行贷款融资的优点在于程序比较简单，融资成本相对较低，灵活性强，只要企业效益良好，融资就比较容易。但是对初创企业而言，由于一般要提供抵押物或担保人，往往附加比较苛刻的前提条件，其目的是约束创业者的资金使用和创业行为。

（四）天使投资

天使投资是潜在投资者对有创意的项目或小型的初创企业进行一次性的前期投资，是一种非组织化的创业投资形式。天使投资具有以下三个特点：一是直接向企业进行权益性投资；二是不仅向初创企业提供资金，而且向初创企业提供知识和社会资源服务；三是过程简单，资金到位及时。

天使投资者通常包括以下两类人：一是成功的创业者，他们主要是基于自己的经验提携后来者；二是企业的高管或高等院校和科研机构的专业人员，他们拥有丰富的创业知识和敏锐的洞察力。这些潜在投资者就像天使一样，希望通过自己的资金和经验来帮助那些正在创业的人们，以自己的企业家精神来激发创业者的创业热情，延续或完成他们的创业梦想。

◎ 拓展阅读

如何制定中小企业最佳融资决策？

随着我国市场经济体制的逐步完善和金融市场的快速发展，融资效率越来越成为企业发展的关键。对于中小企业而言，如何选择融资方式，怎样把握融资规模以及各种融资方式的利用时机、条件、成本和风险，是企业进行融资前需要认真分析和研究的。那么，如何才能制定出最佳的融资方案呢？

1. 融资总收益大于融资总成本

企业进行融资，首先应该考虑的是，融资后的投资收益如何？因为融资则意味着需要成本，融资成本既有资金的利息成本，还有可能是昂贵的融资费用和不确定的风险成本。因此，只有确信利用筹集的资金所预期的总收益要大于融资的总成本时，才有必要考虑。这是企业进行融资决策的首要前提。

2. 企业融资规模要量力而行

企业在筹集资金时，首先要确定企业的融资规模。筹资过多，或者可能造成资金闲置浪费，增加融资成本；或者可能导致企业负债过多，使其无法承受，偿还困难，增加经营风险。而筹资不足，又会影响企业投融资计划及其他业务的正常发展。因此，企业在进行融资决策之初，要根据企业对资金的需要、企业自身的实际条件以及融资的难易程度和成本情况，量力而行来确定企业合理的融资规模。

3. 选择企业最佳融资机会

一般来说，选择企业最佳融资机会要充分考虑以下两点：第一，企业融资决策要有超前预见性，企业要能够及时掌握国内和国外利率、汇率等金融市场的各种信息，了解宏观经济形势、货币及财政政策以及国内外政治环境等各种外部环境因素，合理分析和预测能够影响企业融资的各种有利和不利条件以及可能的各种变化趋势，以便寻求最佳融资时机，果断决策。第二，考虑具体的融资方式所具有的特点，并结合本企业自身的实际情况，适时制定出合理的融资决策。

4. 尽可能降低企业融资成本

企业融资成本是决定企业融资效率的决定性因素，对于中小企业来说，选择哪种融资方式有着重要意义。一般情况下，按照融资来源划分的各种主要融资方式的融资成本由高到低的排列顺序依次为：财政融资、商业融资、内部融资、银行融资、债券融资、股票融资。另外，在选择银行融资时，要注意各银行间不同的信贷政策，选择对中小企业最为有利、最为优惠的银行。例如，以四大商业银行之一的中国银行为例，该银行近年来特别出台了扶持中小企业的信贷政策，对扶持行业、利率、风险控制方面都有十分详细具体的规定。

5. 寻求最佳资本结构

中小企业融资时，必须要高度重视融资风险的控制，尽可能地选择风险较小的融资方式。企业在进行融资决策时，应在控制融资风险与谋求最大利益之间寻求一种均衡，即寻求企业的最佳资本结构。

资料来源：佚名. 企业如何制定最佳融资决策战略[EB/OL].（2019-01-23）[2022-05-02]. http://www.canet.com.cn/cg/635593.html.

▼ 小测试

初创企业融资的渠道有哪几种？

▼ 复习思考题

1. 创业资源的形态有哪几种，它们的作用如何？

2. 创业资源整合的过程是什么？初创企业如何将各种离散的资源开发、配置、转化为组织内部有效的资源？

▼ 讨论性问题

就一个同学身边的创业项目，小组讨论该项目：

（1）需要哪些创业资源？其中关键的创业资源有哪些？

（2）如何开发、整合和利用这些资源？

▼ 实践性问题

如有一个创业项目需融资，请你考虑如何制订相关融资计划。

第四章　如何把握市场规律

◆ 本章学习目标

1. 了解体育产业市场的基本形势。
2. 熟悉市场调查的主要内容和方法。
3. 掌握市场竞争策略和市场营销策略。

第一节　认识市场和市场竞争

成功的商业计划，要求创业者有创新和想法，还必须进行严格的市场调研和市场分析。创业者的创业冲动或创业构想能否变成一个可行的创业项目，首先应该看创意的产品或服务是否有消费者愿意花钱购买。创业者也可以根据这个创意设计出一个产品模型，听取消费者的意见。只有通过对市场进行广泛的调研和分析，确认有市场需求，创业者才能进一步组建团队、制订详细的商业计划、融资，进而建立企业。待能够提供新产品或新服务之后，创业者将其投放到市场，全面检验、考察其市场认可度。由此可见，市场意识应贯穿初创企业从萌发创意到真正创业的各个时期。体育产业是朝阳产业、绿色产业，市场空间巨大，但是竞争也相当激烈。因此，认识市场，了解市场竞争规律，把握市场竞争策略，学会开展市场营销活动，对创业者来说至关重要。

一、认识市场类别，选择目标市场

创业者在创业初期由于资源受限，很难涵盖一个巨大的行业市场，还可能会面临着多个竞争者。我们正处在一个个性化消费的时代，不同消费者的需求动机和选择行为日趋多样化。因此，创业者需要认真甄别消费者，以找出最有利于产品投放的市场。

（一）认识市场类别

一般来说，细分市场的标准主要包括地域、人口、心理、行为四大类。

1. 按地域标准细分市场

按地域标准细分市场，就是初创企业按照产品的主要消费者所在的位置、环境要求来细分市场。由于在国家、地区、城市发展规模、人口密集程度、地形地貌、气候变化等方面存在差异性，消费者对同一种商品往往有截然不同的需求和倾向，对企业所进行的市场营销活动也会有截然不同的反应。因此，创业者需要仔细考虑上述因素。

2. 按人口标准细分市场

按人口标准细分市场，就是初创企业按照人口统计因素（如年龄、性别、家庭规模、收入、职业、受教育程度、宗教信仰、民族、国籍等）来细分市场。不同人口特点的消费者有不同的需求特点，对商品的感兴趣程度也会有很大的差别。

3. 按心理标准细分市场

心理标准，是指消费者所处的社会阶层、生活方式、个性特点等心理因素。不同消费者的价值观、兴趣爱好和行为方式不同，所需的产品也各不相同。初创企业只有根据不同消费者的心理需求提供商品和服务，才有可能获得成功。

4. 按行为标准细分市场

行为标准，即消费者对商品的熟悉程度、态度、使用状况等行为特点。行为特点可以更直观地体现消费者的需求差异，因此可以作为细分市场的起点。

◎ 案例思考

华为细分市场的案例

我们通常总结华为创业成功很重要的一条经验就是“以农村包围城市”，这正是华为早期的细分市场策略。当华为进入通信市场时，中国的电信市场非常广阔，用户的需求多种多样，繁杂无比，但竞争也比较激烈，尤其还要面对强大的国外和合资品牌厂商。华为作为市场后入者和挑战者，不可能在市话市场上与强大的对手硬碰硬，所以华为选择了对手的薄弱环节——农话市场作为突破口。这时华为细分市场的依据是地理差异，同时也包含了需求差异。

随着实力的增强，华为以接入网逐步切入市话市场，面对竞争者的远端接入模块，其细分市场的依据是标准差异，即强调“V5接口有利于建立灵活而相对独立于各制造厂商的接入网体系”，从而满足了推崇这一技术的用户需求。

当华为以接入服务器进入数据通信产品市场时，其细分市场的依据是需求差异，即根据自身对中国电信网络的了解，满足国内运营商对适合国情的接入服务器的需求。

当华为提出“宽带城域网”的概念时，则须依据地理差异、需求差异、心理差异等因素综合考虑其细分市场，即宽带城域网能顺应城市信息化的发展趋势，能满足运营商网络改造的需求，能迎合国内运营商因担心国外运营商的竞争而“先下手为强”的防御心理。

由此可见，华为的业务（包括产品和营销）策略，始终是在细分市场的基础上进行的。

资料来源：佚名. 市场细分的经典案例与启示[EB/OL].（2021-11-09）[2022-10-10]. http://www.higet.com.cn/ServerStd_1913.html.

（二）选择目标市场

创业者认识市场类别，对市场进行细分的目的就是根据细分情况选择目标市场。所谓目标市场，是指市场经过细分后，企业所选择的，以一定的商品或者服务价格去满足其实际的或者潜在的消费需求的一个整体或者部分细分市场。

1. 对市场进行评估

在选择目标市场前，初创企业必须对细分市场做出评估，以确定细分市场是否符合目标市场的基本要求。市场评估主要包括以下内容。

（1）是否有适当的市场规模与增长潜力。

评估市场是否具有适当的规模与增长潜力，主要看市场规模能否与初创企业经营规模和资源禀赋相适应。对于实力雄厚的大企业而言，如果选择较小的细分市场，则不能充分发挥企业的经营能力，会造成一定程度的资源浪费和利润损失。但对于初创企业而言，如果选择较大的细分市场，则会因为缺乏资源和能力，难以满足市场的需求或者难以抵御较大市场的激烈竞争。

（2）是否有足够的市场吸引力。

市场吸引力主要是从盈利能力方面来看市场长期收益率的大小。虽然市场可能存在适当的规模和增长潜力，但从长期盈利的角度来看不一定具有吸引力。所以，初创企业判断市场是否具有长期的吸引力，主要从现实的竞争者、潜在的竞争者、替代品、消费者和供应商等方面来判断。初创企业必须充分考虑市场能否长期盈利以及以上几方面对其长期盈利的影响。

（3）是否符合企业的目标和资源。

有些市场可能具备适当的规模或具有一定的吸引力，但对于创业者来说还需要进一步考察通过细分市场究竟能否实现企业的长远目标，若不能实现就必须舍弃。此外，初创企业是否具备在该市场取得成功并盈利所需的各种资源条件，如物资、资金、人员、技术、信息等资源，若都不具备就须果断放弃。

2. 选择目标市场的策略

根据市场情况，选择目标市场通常需采用以下三种策略。

（1）无差异化目标市场选择策略。

无差异化目标市场选择策略，是指创业者将整体市场作为初创企业的目标市场，推出一种市场服务或产品，实施一种统一的营销策略或营销组合，以满足整体市场的某种共同需求的策略。例如，我国的伊利、蒙牛等乳制品生产企业都是面向国内市场提供同类别产品并进行全方位营销的。在这个市场内，企业把市场作为一个整体，不考虑实际存在的个别和部分需求差异，认为消费者对某种或某几种商品有一致的需求，因此在营销上会采用相同主题的广告和其他促销策略。

无差异化目标市场选择策略的优点是生产、经营和营销成本较低，该策略适用于产品品种相对单一，但批量大、销售面广、广告投入比较集中的企业。初创企业一般很难实现。在互联网时代，许多互联网创业项目由于信息传递的低成本和低成本渠道的设置使这一市场成为可能，即我们通常所说的大众市场。初创企业只有创新产品设计和提供优质的消费者体验，才可进入大众市场。例如，滴滴最初通过互联网平台为消费者提供网约车服务，没有对消费者进行细分，而是为不同消费者提供统一的几种服务产品。

（2）差异化目标市场选择策略。

差异化目标市场选择策略，是指企业根据各个细分市场中消费需求的差异化，设计生产出目标消费者需要的不同产品或提供不同服务，同时制定相应的营销策略，去满足不同消费者的需求的策略。它是一种复合式的目标市场选择策略。首先，每个细分市场内有自己的产品或服务，产品的特性和类别明显不同；其次，每个细分市场内产品的价格只为该市场的顾客所接受；最后，各种产品或服务有自己相应的销售渠道，初创企业需依据产品或服务的特点采用不同的策略。选择差异化目标市场策略的企业一般较为成熟。例如，康师傅生产方便面、饮料、饼干等多种产品，其中方便面又包括牛肉面、拉面等，饮料包括冰红茶、绿茶、茉莉清茶等，饼干包括米饼等，它通过产品的细分来满足不同消费者的需求。

差异化目标市场选择策略的优点：第一，企业以消费者为中心，满足不同消费者的需求，从而有利于增加销售收入；第二，企业同时在几个细分市场中占优势，有利于提高企业的声誉，树立良好的企业形象，增进消费者对企业和产品的信任，提高产品的市场占有率。差异化目标市场选择策略的缺点：第一，企业资源分散于各个细分市场，由于不能集中采取策略，相对不容易突出竞争优势；第二，企业需根据不同的市场采取不同的销售策略，成本相对较高。

（3）集中化目标市场选择策略。

集中化目标市场选择策略，是指初创企业在众多子市场中只选择一个细分市场进行营销的策略。针对单一目标市场，初创企业必须充分了解选定的细分市场中消费者的消费特点并营销对路，选择能将产品或服务信息传达到特定消费者的媒介即可，不一定大量投放面向大众的广告，且在制定产品或服务价格时需考虑消费者对价格的敏感程度。例如，饮料市场中有众多功能饮料，王老吉在饮料市场中专门致力于具有降火功能的饮料，提供给消费者在外出旅游、运动休闲、消费较辣餐食时饮用。

集中化目标市场选择策略是比较适合初创企业的一种市场选择策略。初创企业如果选择1～2个能够发挥自己技术、资源优势的细分市场，目标集中，那么不仅可以大大节省营销费用，增加盈利，还会因生产、服务、销售的专业化能够更好地满足消费者的需求而获得竞争优势。

▼ 小测试

1. 细分市场主要考量哪些因素？
2. 选择目标市场应采用哪几种策略？

二、把握市场竞争规律

初创企业与成熟企业一样，不论是面向一个全方位的大众市场，还是进入一个或几个细分市场，都会面临不同的竞争者。初创企业不仅要了解谁是自己的目标消费者，还要了解谁是自己的竞争者。随着技术的快速发展及市场的不断变化，不仅初创企业面临改革，而且竞争者也在不断改革。因此，初创企业需要在改革中识别竞争者的竞争策略，评价竞争者的实力和优势，预测竞争者的战略定位，以便突出自身的竞争优势，进而确定自身在市场乃至行业中的地位。

（一）识别竞争者

1. 行业竞争者

第一，现有竞争企业，即本行业内现有的与初创企业经营同样产品或提供同样服务的企业，这些企业是初创企业的直接竞争者。

第二，潜在加入者，即当某一行业前景乐观、有利可图时，会引来新的竞争企业进入该行业，其不仅提高了该行业的生产能力，而且还会重新瓜分市场份额和主要资源。另外，当初创企业发现了可行的市场机会，某些大型企业也可能发现该机会并利用其资源优势加入该行业。这些企业的加入，使行业竞争加剧，导致产品销售价格下降，初创企业盈利降低。

第三，替代品企业，是指生产与某一产品具有相同功能、能满足同一需求的可以替代该产品的不同性质的其他产品的企业。随着科学技术的发展，替代品企业将越来越多。例如，随着手机的不断更新，其增加了摄影、摄像功能，使一般用途的照相机销量大幅缩减，只有专业照相机还保持着较多的市场需求。

行业竞争关系，如图4-1所示。

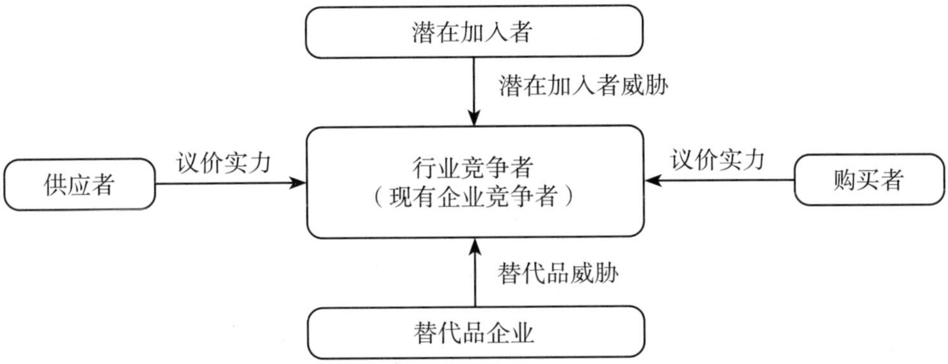

图4-1　行业竞争关系

2. 市场竞争者

第一，相近品牌竞争者，是指在同一行业中为同样的消费者提供与企业类似的产品或服务，并且价格相近的其他企业。例如，在家用空调市场中，格力、海尔、美的等厂家都是相近品牌竞争者。这些企业的产品替代性较高，竞争比较激烈，这些企业均以培养消费者的品牌忠诚度作为争夺市场的重要手段。

第二，同行业竞争者，是指能够为消费者提供同类产品或服务，但产品规格、型号、样式不同或者服务规格、标准、方法存在差异的企业。例如，生产家用立柜式空调和壁挂式空调的厂家之间存在相互竞争的关系。

第三，同需要竞争者，是指提供不同种类的产品，能满足和实现消费者同种需求的企业。例如，航空公司、铁路客运公司、长途客运汽车公司，它们虽然处在不同行业，但都可以满足消费者外出旅行的需求。

第四，同消费群体竞争者，是指目标消费者一样，但通过提供不同产品来满足消费者的不同愿望，使消费者很可能改变对原来产品或服务的需求的企业。例如，许多消费者收入水平提高后，可以把钱用于旅游，也可用于购买汽车，或购置房产，这些企业之间存在相互争夺消费者购买力的竞争关系。因而，消费支出结构的变化，对企业的竞争会产生很大的影响。

市场竞争关系，如图4-2所示。

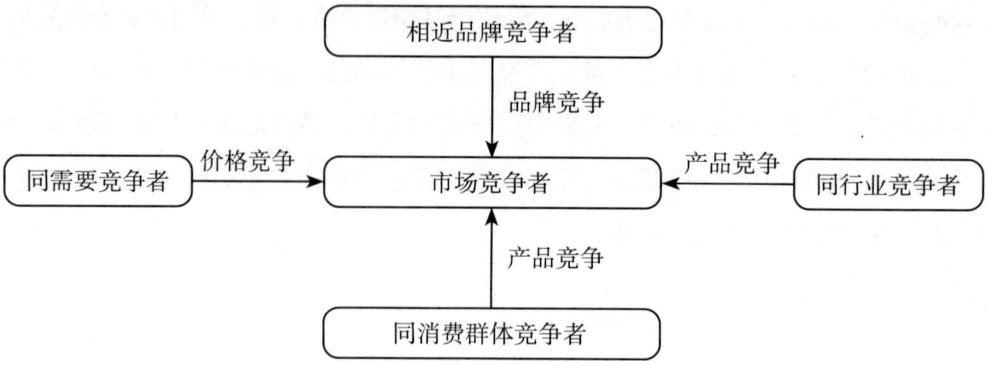

图4-2　市场竞争关系

（二）评估竞争者的实力

创业者在了解竞争者的战略目标后，需进一步分析竞争者的实力，找出竞争者的优势与劣势，并与自己进行对比，这对创业者选择和确定竞争策略尤为重要。创业者主要通过以下六个方面来评估竞争者的实力。

1. 产品或服务

产品或服务包括竞争企业提供的产品或服务在市场中的影响力，被消费者接受程度及其产品主要的特性、功能和其他价值开发情况。

2. 市场营销

市场营销包括竞争企业市场调研与新产品开发的能力，市场营销组合的情况，营销渠道的广度和深度，营销渠道的宣传效果，以及营销渠道的业务能力。

3. 生产与经营

如果竞争企业是生产企业，则需分析其生产规模与生产成本水平、设施与设备的技术先进性与灵活性、生产能力的扩展情况、质量控制与成本控制情况、是否具有区位优势、人力资源状况，以及原材料的来源与成本情况等。

4. 研发能力

研发能力包括竞争企业的产品、工艺、基础研究、仿制等的研究与开发能力，研究与开发人员的创造力等。

5. 资金实力

资金实力包括竞争企业的资金结构与现金流情况、筹资能力和资信状况，以及财务管理能力等。

6. 组织管理情况

组织管理情况包括竞争企业管理人员的领导素质、管理能力，团队成员价值观的一致性，团队架构与企业策略的统一性，信息传递的有效性，团队内部对环境因素变化的适应性与反应程度，团队成员的整体素质等情况。

（三）市场竞争策略

企业自身实力不同，参与市场竞争的身份就不同，选择的竞争策略也会有所不同。创业者通过分析竞争者在市场中的地位，根据自身的实力，结合市场的具体情况来制定相应的竞争策略。企业的模仿者越多，产品或服务就越同质化，从而形成恶性竞争格局。初创企业在确定了目标市场之后，面对市场竞争，需要了解基本的竞争策略。下面分别介绍低成本策略、差异化策略、集中化策略和发展策略。

1. 低成本策略

低成本策略，是指企业在提供相同的产品或服务时，通过在内部加强成本控制，在研究、开发、生产、销售、服务和广告等领域内把成本降到最低限度，使成本或费用明显低于行业平均水平或主要竞争对手，从而赢得更高的市场占有率或更高的利润，成为行业中的成本领先者的一种竞争策略。当与竞争者争夺市场时，由于企业运营成本低，竞争者已没有利润可图，这时企业就可以有效占领市场。初创企业要做到控制成本、降低价格，就必须在生产、销售服务等各环节都尽量控制成本。当然，价格不能一味降到低于成本，也不能一味进行价格战，这样不仅没有让利给消费者，还会引起恶性竞争，甚至影响整个行业的良性发展。

低成本策略包括以下三种方式。一是降低生产成本，企业可以通过改进产品设计或者使用简约化的产品设计来降低生产成本；也可以节约材料，或者通过采用自动化生产节约人工费用来降低生产成本。二是降低营销成本，企业可以通过改变营销方式或渠道、调整供应关系和改变营销策略等来降低营销成本，争取更大的经济效益。三是降低服务成本，企业可以通过优化服务系统以减少售后服务工作来降低服务成本，提高服务效率，改善消费者体验；也可以通过优化服务流程或以自动应答服务等新方式降低售后服务费用来降低服务成本；还可以通过将服务外包、委托有实力的售后服务商进行专业售后服务来降低服务成本。

◎ 案例思考

如家快捷酒店

传统的酒店行业，酒店之间都在为追赶竞争者而制定竞争策略。与之相反，如家创建时就定位为经济型酒店，通过对传统星级酒店要素的剔除、增加和创造，把自己与星级酒店和社会旅馆区别开来，推出了中国的经济型酒店模式。

商务旅行人士和经济条件好的旅游者需要的是充足的睡眠，他们其实根本无暇享受传统星级酒店提供的许多空间和服务。对他们而言，最重要的空间只有两个：床和卫生间。因此，如家做的第一点是：给客人提供一个温馨、舒适的睡眠环境，既能够睡个好觉又能够舒舒服服地洗个澡，而把星级酒店具有的不必要的服务和娱乐设施去掉。

如家在客房的卫生、房间的布局、床铺及淋浴上下足了功夫，而不在餐厅、大厅和娱乐设施等方面过多投资，其成本也就自然地降了下来。“花社会旅馆的钱，享受星级酒店的服务”，自然广受旅客的欢迎。无怪乎如家发展势头如此之猛，在中国酒店业激烈的竞争中找到了全新的蓝海。

资料来源：佚名. 如家商业模式分析[EB/OL].（2019-08-20） [2022-08-20]. https://wenku.so.com/d/fc3df4a25f80d6a6147581ff3b8a59e8.

2. 差异化策略

差异化策略，是指使企业产品、服务、企业形象等与竞争者有明显的区别，以获得竞争优势的策略。差异化策略的重点是创新，提供全行业和消费者认为特点显著的产品或服务，即提供的产品或服务别具一格，或功能多、或款式新、或更加美观。

产品差异化主要是指在产品质量、产品特征及产品设计方面存在差异，企业通过提高产品质量来吸引消费者。服务差异化主要是指对消费者的服务方式、服务内容和服务质量等的创新，企业通过差异化的服务来获得消费者的青睐，提高企业的竞争力。营销差异化是指企业在产品的销售渠道、销售方式等方面存在差异。在同类产品越来越多的情况下，企业采用差异化策略可以获得竞争优势。

3. 集中化策略

集中化策略，是指企业把优势资源集中于某个特定的细分市场，主攻某个特定的消费群体、某商品体系的某个细分区域或某个单一区域产品市场，并通过更好地服务于这一特定产品市场中的消费者，以获得较高的投资回报率的策略。集中化策略的优点，即企业集中力量为一个市场服务，能更全面了解消费者的需求，便于企业集中营销，从而获得竞争优势。采取集中化策略的前提是企业能够以更高的效率和更好的效果为某一消费群体服务，以便战胜更多的竞争者，从而占领市场。

初创企业资源有限，如果能够提前发现市场上存在的空缺，则应选择合适的方式进入市场，同时将有限的资源投入到某个领域，避免与实力雄厚的成熟企业正面竞争，从而争取更为宽松的生存和发展环境，通过不断优化技术、提高服务质量来提高企业竞争力。

4. 发展策略

低成本策略、差异化策略和集中化策略主要通过打压竞争者来扩大自己的竞争优势，针对此缺陷，唐东方提出的发展策略理论认为，企业首先应重视自身的发展，而不是竞争者，企业既可以通过竞争来实现发展，也可以通过合作来实现发展，还可以避开竞争者，选取发展前景广阔的领域来发展[1]。发展策略理论是让企业参与更为良性的竞争，将主要精力投入企业未来发展的规划与实施上，最终实现企业的快速、健康和可持续发展。

▼ 小测试

1. 初创企业有哪些市场竞争者？
2. 市场竞争策略有哪些？

第二节　做好企业市场营销和市场调查

市场营销，是指企业在创造、沟通、传播和交换产品中，为消费者、合作伙伴及全社会带来价值的一系列活动、过程和体系。市场营销的主要目的是获得和维系消费者。

一、市场营销策略

市场营销策略，是指企业以消费者需要为出发点，根据经验获得消费者需求量以及购买力的信息、商业界的期望值，有计划地组织各项经营活动，通过相互协调一致的产品策略、品牌策略、包装策略、价格策略、分销策略和促销策略，为消费者提供满意的产品和服务而实现企业目标的过程。

（一）产品策略

产品策略是市场营销策略的核心，产品策略主要是指企业面向目标市场提供满足消费者需求的有形的和（或）无形的产品，以实现其价值主张的策略。企业的生产经营活动是围绕产品或服务进行的，主要涉及对产品的种类、型号、款式、质地、包装、特色、商标、品牌的管理及有关服务等。企业需开发满足消费者需求的产品，并将产品提供给消费者。随着科学技术的快速发展和信息技术的不断进步，消费者的需求日趋个性化，产品的内涵和外延也随之不断丰富和扩展。因此，企业必须明确生产什么产品，为谁生产产品，生产多少产品。

[1] 唐东方.战略规划三部曲[M]. 2版. 北京：中国经济出版社，2013.

（二）品牌策略

品牌策略，是指企业利用品牌将产品或服务推广到消费者心里的策略。品牌有利于突显产品的独特性、塑造产品形象，有利于保护产品不被竞争者模仿，有利于订单处理和对产品的跟踪等。但是，企业每种产品都使用品牌，还应考虑产品的实际情况，因为在获得品牌带来的好处的同时，建立、维持、保护品牌也要付出巨大的成本，如包装费、广告费、标签费和法务相关费用等成本。因此，初创企业需要结合自身实力、市场情况和产品特点考虑是否使用品牌策略。

（三）包装策略

包装最基本的作用是保护产品，便于储运。有效的产品包装可以起到防潮、防热、防冻、防挥发、防污染、保鲜、防碎、防变形等一系列保护产品的作用。除此之外，设计精美的包装还有利于树立产品形象，彰显产品特色，吸引消费者的注意力；有利于消费者迅速辨认产品，给消费者带来信心。目前，包装设计已经成为企业重要的营销宣传手段。

（四）价格策略

价格策略，是指企业通过对于消费者需求的估量和成本分析，选择一种能够吸引消费者、实现市场营销组合的策略。价格策略有三种常用的定价方法：一是成本定价法，即以产品单位成本为基本依据，再加上预期利润来确定商品价格的定价法，这是企业最常采用的基本定价方法；二是撇脂定价法，即在产品进入市场初期时将价格定在较高水平，在竞争者研制出相似的产品之前尽快收回成本，并且取得相当的利润，然后随着时间的推移再逐步降低价格，使新产品进入较大的市场的一种定价方法；三是渗透定价法，即当产品进入市场初期时将价格定在较低水平，尽可能多地吸引消费者，目的是在短期内加速市场成长，牺牲高毛利以期获得较高的销售量及市场占有率，进而产生显著的经济效益，使成本和价格不断降低的一种定价方法。例如，戴尔公司采用市场渗透定价法，通过低成本的邮购渠道销售高质量的电脑产品，使得销售量直线上升，而通过零售店销售的IBM、康柏、苹果和其他竞争产品的价格根本无法与其相比。由此可见，初创企业在新产品上市初期应把价格定得低些，待产品渗入市场、销路打开后，再根据情况适当提高产品价格。

（五）分销策略

分销策略又称渠道策略，是指企业通过合理地选择分销渠道和组织产品实体流通等方式来实现企业经营目标的重要手段。按流通环节的多少，分销渠道可分为直接分销渠道和间接分销渠道。

1. 直接分销渠道

直接分销渠道，是指生产企业将产品直接销售给消费者，没有中间商介入，即通常所说的零级渠道（即制造商—消费者）。产品直接从生产企业转移到消费者手中，不仅减少了中间环节，而且还降低了成本。例如，对不易保存的鲜活商品经常采取直接分销渠道，许多基于互联网的创业项目等常常选择直接分销渠道。

2. 间接分销渠道

间接分销渠道，是指初创企业通过中间环节把产品销售给消费者。间接分销渠道的典型形式为：生产者—批发商—零售商—个人消费者。初创企业由于实力有限，产品或服务很难在短时间内为消费者所接受，此时，它可以借助与其他企业合作，如利用其他企业的营销渠道和生产能力，通过“捆绑式”销售来推广自己的产品或服务；也可以依附于成熟企业，借助成熟企业品牌的影响力，将产品推向市场。

（六）促销策略

促销策略，是指初创企业利用各种信息传播手段激起消费者的购买欲，从而促进产品销售的谋略和方法。初创企业促销的方式包括以下两种：一是人员推销，即推销员面对面地向消费者进行推销；二是非人员推销，即通过大众传播媒介在同一时间内向消费者传递信息，主要包括广告、公共关系和营业推广等多种方式。初创企业在市场竞争中处于劣势，一般促销策略应采取能够马上吸引消费者、保证良性循环的方式。第一，企业可以借助他人推荐来扩大企业的知名度，通过良好的人际关系网络以良好的口碑树立产品或服务的形象来宣传和推广，这种方式虽然促销效率较低，但非常稳定且成本很低；第二，企业可以借助良好的公共关系进行推广，如借新闻媒体报道初创企业开发的新产品，将产品有关信息传递给消费者；第三，企业可与外部行业协会、技术专家及中间商建立良好的沟通；第四，企业可以进行广告促销，根据消费者的特点，选择传统媒体或新媒体投放广告，如促销一些专业工业品和消费品可以借助专业类杂志和报纸，或选择成本较低的网络广告。

◎ 案例思考

左手产品，右手营销　补齐短板后的长城市场表现令人惊喜

2018年11月7日，长城汽车股份有限公司（以下简称“长城汽车”）发布了10月产销数据。10月共销售新车110 088辆，环比增长26.94%，在继9月实现环比增长后，继续保持强劲的增长势头。2018年1月—10月，长城汽车累计销售787 000辆，累计出口39 952辆，出口同比增长18.24%。放在以往，这样的销售成绩或许对于长城汽车来说只是“正常发挥”，但在市场普遍低迷的大环境下，长城汽车能够实现销量的节节攀升堪称是10月车市的一件意外之喜了。究竟是什么令长城汽车扛住了整体环境下行的压力呢?答案或许早就在长城汽车的一系列动作中得以窥见端倪。

早在长城汽车在乘用车领域只有哈弗一个品牌的时期，注重对细分市场全方位、多角度的产品布局就成了其制胜的法宝。在对市场的分析中，长城汽车充分意识到，面对消费者不同的需求，只有更加丰富、选择更广的产品体系才能赢得消费者的心。

因此，如今的长城汽车已经拥有了包括皮卡在内的4大细分领域布局。其中，哈弗品牌在常规SUV市场上表现优异，以8.5万辆的销售成绩继续领跑10月SUV市场冠军榜单，“当家花旦”哈弗H6重新站上4万辆高地，M系品牌中的M6表现也十分抢眼，单车再次月销破万。而更加值得注意的是，哈弗品牌最年轻的F系更是成了10月销售榜单中的一个惊喜，首款产品——哈弗F5上市首月销量就达到6 265辆，足以证明哈弗为其打造的年轻化路线对消费者的吸引力。

除哈弗以外，长城汽车在豪华SUV市场的前瞻布局也收获了应有的回报。WEY不仅成了2018年首个年销量突破10万台的豪华SUV，在WEY P8与WEY VV6相继上市后，其丰富的产品阵营更是在国内豪华SUV市场中取得了独特优势，令WEY家族的整体销量持续稳定上升。另外，新能源品牌欧拉在第二款新车开启预订后也已逐渐形成规模，截至2018年11月14日，两款产品合计订单已经达到了近万辆的水平，在强大体系支撑下，未来表现相当可期。

资料来源：佚名. 左手产品右手营销 补齐短板后的长城市场表现令人惊喜[EB/OL].（2018-11-14）[2022-08-13].http://finance.ce.cn/gsxw/201811/14/t20181114_30782360.shtml.

▼ 小测试

1. 产品策略包括哪些内容，如何进行定价?
2. 如何借助渠道与促销推广产品?

二、市场调查

市场调查，是指运用科学的方法，有目的地、系统地收集、记录、整理有关市场信息和资料，分析市场情况，了解市场的现状及其发展趋势，为企业进行市场预测和营销决策提供客观、正确的资料。市场调查既包括对市场环境、市场状况、销售可能性等展开调查，还包括对消费者的需求、产品价格、影响销售的社会和自然因素、销售渠道等展开调查。

（一）市场调查的目的

1. 为企业决策提供客观依据

当初创企业制定产品策略、价格策略、分销策略、广告和促销策略时，创业者需要了解：初创企业产品在什么市场有发展潜力；在哪个目标市场上销售，预期可销售数量是多少；如何扩大初创企业产品的销售量；如何制定产品的销售价格，保证销售额和利润都能增长；怎样组织产品推销，销售费用是多少等。这些信息将作为初创企业决策的客观依据。

◎ 案例思考

优秀运动员李柏树创业成功的秘诀

李柏树，2007年3月进入广西田径运动发展中心，在十年运动生涯中曾获得过全国青年赛十项全能第三名等成绩。

2017年2月李柏树停训进入职业过渡期。停训后的他与朋友合伙在海南省投资80多万元做工程塔吊，收获了自己创业的第一桶金。2017年8月，李柏树投入10多万元在南宁会展中心开了一间健身工作室，由于刚刚步入社会，不懂行情，加之市场调研不充分，又缺乏健身房管理的经验，只是凭空想象就去做了，结果导致这次创业失败。

2018年初，李柏树退役，领到自主择业费的他不甘心坐吃山空，决心东山再起。经过一番调研，根据南宁夏天炎热、冬天不冷，人们喜欢晚出乘凉、爱吃夜宵的习惯，便与刚刚停训的队友韦胜商量一起开夜宵餐饮店，师兄弟二人一拍即合。在做好充分的市场分析、选址之后，当年5月在南宁市青秀区琅东成立南宁市南铁玲子家烧烤餐饮店，同时与美团外卖平台合作，开通到店自取新功能，为消费者节约了时间。开张非常顺利，生意异常火爆，开业6个月仅外卖订单就有1万多单，营业额70多万元。在美团外卖平台获得青秀区烤串回头率榜第一名的成绩，招牌菜“田螺鸭脚煲”在同行商圈销量第一。为了满足消费者的需求，李柏树分别于2020年7月和2021年3月在南宁市增开了两家分店，生意同样火爆。他的餐饮店就像滚雪球似的，越滚越大，越做越红火，年营业额在800万～1 000万元。

李柏树和韦胜都是运动员出身，做人做事都是实实在在，这种优良的品质在他们的生意经营中得到完美的体现，即对消费者坚守诚信、童叟无欺，把最好的呈现给顾客，让他们切实地感受到美味与实惠。在谈到下一步发展时李柏树自信地说，“只有奋斗的青春，才是幸福的人生。因新冠病毒感染疫情影响，投资计划有所控制，现第四家门店正在筹划当中。我们的目标是在南宁要有5～6家南铁玲子家餐饮店，把最好的美食带给大家”。

资料来源：佚名. 运动员成功转型案例：广西田径退役运动员李柏树[EB/OL].（2021-08-17）[2022-08-06]. https://www.sport.gov.cn/rlzx/n5633/c23468612/content.html.

2. 提高企业的竞争力

市场情况在不断变化，导致市场发生变化的主要因素包括产品、定价、宣传、分销、广告、推销等，以及社会政治、经济、人文、自然条件等。它们之间既相互联系又相互影响。因此，企业只有经过深入的市场调查，准确掌握各类市场变化的规律，并有针对性地采取措施，才能提高企业的竞争力。

3. 有助于引进先进技术

当今时代科技快速发展，新发明、新创意、新技术和新产品层出不穷。市场调查可以帮助我们更准确地掌握最新的市场动态信息。对于初创企业来说，通过市场调查可以更好地学习同行的先进经验和引进先进技术，从而促进企业的生存和发展。

（二）市场调查的内容

市场调查的内容，是指在进行市场调查时需要研究的主要问题和必须收集的相关资料，这是市场调查工作的目标所在。因此，企业在进行市场调查之前就应该明确市场调查的内容。

◎ 案例思考

新可口可乐跌入调研陷阱

20世纪70年代中期以前，可口可乐在美国饮料市场上的销量领先，然而70年代中后期，百事可乐迅速崛起，最接近时，可口可乐公司的市场份额仅领先百事可乐3个百分点。为了应对百事可乐的竞争，可口可乐公司进行了一项代号为“堪萨斯工程”的市场调研活动。1982年，可口可乐公司广泛地深入到美国10个主要城市进行市场调查，确定口味因素是否是可口可乐市场份额下降的重要原因，并征询消费者对新口味可乐的意见。于是，在问卷中，询问了如“你想试一试新饮料吗？”“可口可乐味变得更柔和一些，您是否满意？”等问题。调研结果表明，顾客愿意品尝新口味的可乐。这一结果更加坚定了可口可乐公司决策者们的想法——长达99年的可口可乐配方已不再适合今天消费者的需要了。

于是，满怀信心的可口可乐公司开始着手开发新口味可乐。在新可乐推向市场之初，可口可乐公司又不惜血本进行又一轮的口味测试。结果60%的消费者认为新可乐比原来的好，52%的消费者认为新可乐比百事可乐好。新可乐的受欢迎程度一下打消了可口可乐公司领导者原有的顾虑，可口可乐公司为了争取市场，不惜又一次投入巨资帮助瓶装商们重新改装生产线。在新可口可乐上市之初，可口可乐公司又大造了一番广告声势，收益良好。但是，这种“变化”受到了原可口可乐消费者的排斥，消费者的愤怒情绪犹如火山爆发般难以驾驭。每天，可口可乐公司都会收到来自愤怒的消费者的成袋信件和1 500多个电话。数量众多的批评迫使可口可乐公司不得不开通83部热线电话，雇请大批公关人员安抚愤怒的消费者。而当时，由于人们预期老口味的传统可口可乐的产量会减少，将其居为奇货，价格在不断上涨。在又一次推出的消费者意向调查中，30%的消费者说喜欢新口味可口可乐，而60%的消费者却明确拒绝新口味可口可乐。可口可乐公司不得不恢复传统配方的可口可乐的生产，同时也保留了新可口可乐的生产线和生产能力。公司花费了400万美元，进行了长达2年的调查，还有远远超出调研费的改装费、广告费，却没有获得成功。

资料来源：海格士多姆.沃伦·巴菲特之路［M].朱武祥，樊勇，译，北京：清华大学出版社，1998.

按照最初的市场调研所得到的结论，新可口可乐应该是可以成功的，但结果截然相反，这是为什么呢？新可口可乐的失败，最大的问题是没有做好充分的市场调查。可口可乐公司在最初的测试中并未明确告知消费者新可口可乐是为替换老可口可乐而设计的。市场调查的内容仅限于口味问题，并未考虑可口可乐的历史文化、产品包装、名字品牌、产品形象及文化遗产等。而对于许多消费者而言，可口可乐已经和棒球、热狗、苹果派等共同构成了美式传统文化，它代表着美国的社会文化。在消费者眼里，可口可乐代表永恒，代表爱心，代表关怀，可口可乐公司唯一忽略的就是这种“爱”。可口可乐的象征性意义比它的口味更重要。如果最初的市场调查的范围更广、更深入些，那么企业是可以发现这种情感因素的。

一般来说，市场调查的内容包括市场潜力调查和适销产品的市场情况调查。

1. 市场潜力调查

市场潜力调查，是指对产品在目标市场的销售前景进行研究，目的是通过调查发现直接影响产品在目标市场销售的各种因素，并剖析产品在目标市场组织销售的可行性及其发展前景，从而更好地选定产品的目标市场。影响产品市场潜力的因素包括市场所在地的政策法规、市场容量、消费方式和消费需求、影响供求的各种因素及市场竞争等。

2. 适销产品的市场情况调查

适销产品，是指产品本身符合市场需求和消费习惯，并为消费者所青睐。产品要适销对路，首先要对消费者的喜好和需求进行调查，其次要对目标消费者市场做好分类，从而了解各类目标消费者对产品的喜好和需求。

（三）市场调查的步骤

市场调查的步骤一般分为4个阶段，即准备阶段、调查阶段、分析阶段、总结阶段，如图4-3所示。

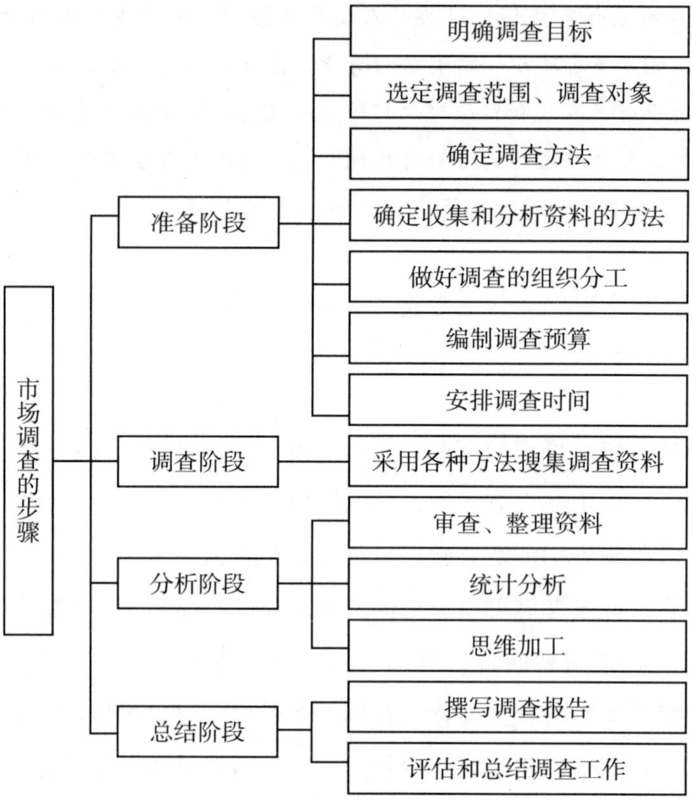

图4-3　市场调查的步骤

1. 准备阶段

准备工作是否充分直接关系整个调查活动能否成功，具体如下：一是明确调查目标。对创业者来说，市场调查的主要目标是全面掌握市场各要素的具体情况，为选择创业行业、创业项目、创业模式等提供必要的决策依据，市场调查活动要紧紧围绕调查目标而展开。二是选定调查范围、调查对象。受到人力、财力等因素的制约，市场调查应具有针对性和实效性，不可盲目进行，要明确调查范围和调查对象，以得出较为准确的调查结果。三是确定调查方法。市场调查的方法包括文献资料法、问卷调查法、访谈法、观察法等，每种方法都有各自的优缺点和适用范围。在市场调查的准备阶段，调查人员往往需要对各种方法的具体运用了然于胸，并针对调查目标和具体内容采用合适的调查方法，或采用其中一种，或将几种方法相结合。四是其他内容。市场调查是一项综合性的实践活动，需要各个环节的紧密配合，在市场调查的准备阶段，需确定收集和分析资料的方法、做好调查的组织分工、编制调查预算、安排调查时间等。

2. 调查阶段

调查阶段是整个市场调查研究方案的实施阶段，主要是指根据准备阶段的调查方案所制订的调查计划、采用的调查方法完成对资料和信息的收集，贯彻调查思路。调查阶段是市场调查的核心部分。

3. 分析阶段

分析阶段是审查、整理资料，统计分析和思维加工的过程。审查、整理资料就是对调查资料进行审核、加工，使其条理化、系统化，集中、简要地反映调查对象的总体情况。统计分析是运用数理统计法厘清调查的规模、结构、水平和比例等关系。思维加工就是对审核、整理汇总后的文字资料和数据加以分析研究，揭示调查对象的本质及其发展规律并得出结论。对调查资料的分析要比搜集更重要。对于创业者而言，分析调查资料应尽可能地客观，剔除个人偏见，必要时可以交给第三方机构等进行分析，或者换个视角进行分析，然后做出相应的预测。

4. 总结阶段

总结阶段的任务是撰写调查报告，评估和总结调查工作。撰写调查报告应做到反映情况真实全面，所作分析客观科学，所得结论明晰准确。一份完整的调查报告应包括调查目的、调查范围、调查方法、调查内容、结论与建议等。撰写调查报告后，应对本次市场调查的途径进行评估和总结，对调查结果质量做出评价，对调查过程的经验教训进行记录整理。

（四）体育产业的分类

体育产业是指为社会提供各种体育产品（货物和服务）和体育相关产品的生产活动的集合。其包括体育管理活动，体育竞赛表演活动，体育健身休闲活动，体育场地和设施管理，体育经纪与代理、广告与会展、表演与设计服务，体育教育与培训，体育传媒与信息服务，其他体育服务，体育用品及相关产品制造，体育用品及相关产品销售、出租与贸易代理和体育场地设施建设十一大类。

1. 体育管理活动

体育管理活动包括体育社会事务管理活动、体育社会组织管理活动和体育保障组织管理活动。

（1）体育社会事务管理活动。

体育社会事务管理活动是指各级政府部门体育行政事务管理机构的管理活动。

（2）体育社会组织管理活动。

体育社会组织管理活动是指体育专业团体、体育行业团体和体育基金会等的管理和服务活动。

（3）体育保障组织管理活动。

体育保障组织管理活动是指体育战略规划、竞技体育、全民健身、体育产业、反兴奋剂、体育器材装备及其他未列明的保障性体育管理和服务。

2. 体育竞赛表演活动

体育竞赛表演活动包括职业体育竞赛表演活动和非职业体育竞赛表演活动。

（1）职业体育竞赛表演活动。

职业体育竞赛表演活动是指商业化、市场化的职业体育赛事活动的组织、宣传、训练，以及职业俱乐部和运动员的展示、交流等活动。其主要包括足球、篮球、排球、棒球、乒乓球、羽毛球、拳击、马拉松、围棋、电子竞技等运动项目。

（2）非职业体育竞赛表演活动。

非职业体育竞赛表演活动是指非职业化的专业或业余运动项目比赛、训练、辅导、管理、宣传、运动队服务、运动员交流等活动，以及赛事承办者和相应推广机构等组织的活动。

3. 体育健身休闲活动

体育健身休闲活动包括运动休闲活动、群众体育活动、民族民间体育活动、其他群众体育活动和其他体育休闲活动。

（1）运动休闲活动。

运动休闲活动是指人们利用余暇时间为了达到休闲、健身、消遣、娱乐等多种目的进行的各种身体活动。

（2）群众体育活动。

群众体育活动是以社会全体成员为对象的、利用业余时间进行的、以健身娱乐为主要目的的、形式多样的体育运动。

（3）民族民间体育活动。

民族民间体育活动是指有区域特色的民族民间体育（包括少数民族特色体育）以及体育非物质文化遗产的保护等活动。

（4）其他群众体育活动。

其他群众体育活动是指由各级各类群众体育组织（包括各级体育总会、基层体育俱乐部等）、体育类社会服务和文体活动机构、全民健身活动站点等提供的服务和公益性群众体育活动。

（5）其他体育休闲活动。

其他体育休闲活动是指体育娱乐电子游艺厅活动，网络体育游艺活动、电子竞技体育娱乐活动，游乐场体育休闲活动等。

4. 体育场地和设施管理

体育场地和设施管理包括体育场馆管理、体育服务综合体管理和体育公园及其他体育场地设施管理。

（1）体育场馆管理。

体育场馆管理是指对为了满足运动训练、运动竞赛及大众体育消费需要而专门修建的各类运动场所等的管理。

（2）体育服务综合体管理。

体育服务综合体管理是指对以运动健身、体育培训、体育用品销售、运动康复等体育服务为主，融合了餐饮、娱乐、文化等多项活动的综合体的管理。

（3）体育公园及其他体育场地设施管理。

体育公园及其他体育场地设施管理是指对设在社区、村庄、公园、广场等可提供体育服务的固定安装的体育器材、临时性体育场地设施和其他室外体育场地设施的管理（如全民健身路径、健身步道、拼装式游泳池），以及对体育主题公园的管理等。

5. 体育经纪与代理、广告与会展、表演与设计服务

（1）体育经纪与代理服务。

体育经纪与代理服务包括体育经纪人、体育保险经纪服务、体育中介代理服务和体育票务代理服务。①体育经纪人是经济活动的主体，体育经济人通过自己掌握的信息和服务技能为用户提供服务，从而获取信息收入和劳务收入。②体育保险经纪在我国刚刚兴起，是体育保险业的重要组成部分。它能把体育保险需求和保险公司的承保能力、险种产品联系在一起，有效地组织和利用体育保险资源。③体育中介代理服务作为中介活动在体育市场的延伸和发展，主要提供体育经纪与广告服务、体育活动的策划服务及体育赞助、招商、推广等其他相关体育中介服务。体育中介代理服务以收取佣金为目的，凭借自身的信誉、所掌握的市场信息和专业知识、灵活的交易方式等，为促成他人交易而从事居间、行纪或者代理等活动。④体育票务代理服务是指体育票务服务和体育票务代理服务。

（2）体育广告与会展服务。

体育广告服务是指各类体育广告制作、发布等活动；体育会展服务是指为体育商品流通、促销、展示、经贸洽谈、民间交流、企业沟通、国际往来而举办的展览和会议等活动。

（3）体育表演与设计服务。

体育表演服务是指策划、组织、实施各类职业化、商业化、群众性体育赛事等体育活动的服务；体育设计服务是指体育产品工业设计、体育服装设计、体育产品和服务的专业设计、体育和休闲娱乐工程设计等服务。

6. 体育教育与培训

体育教育与培训包括学校体育教育活动和体育培训。

（1）学校体育教育活动。

学校体育教育活动是指专业体育院校的教学活动，高、中等院校的体育运动，体育经济、体育管理等专业的教学活动，各级各类学校的体育课程教学活动，各级各类学校的校园体育活动。

（2）体育培训。

体育培训是指进行体育培训服务的场所，提供体育培训服务的场所，全社会体育培训服务产品交换活动、交换关系的总和，对体育培训服务产品既有购买能力又有购买欲望的现实和潜在的个人或组织集合。

7. 体育传媒与信息服务

体育传媒与信息服务包括体育出版物出版服务、体育影视及其他传媒服务、互联网体育服务、体育咨询、体育博物馆服务和其他体育信息服务。

（1）体育出版物出版服务。

体育出版物出版服务是指体育类图书、报纸、期刊、音像制品、电子出版物出版和数字出版服务。

（2）体育影视及其他传媒服务。

体育影视及其他传媒服务是指体育新闻的采访、编辑和发布服务，体育广播、电视、电影等传媒节目的制作与播出，以及体育摄影服务等。

（3）互联网体育服务。

互联网体育服务是指互联网体育健身与赛事服务平台，体育App应用，以及互联网体育信息发布、体育网络视听、体育网络直播、体育大数据处理、体育物联网和“体育+互联网+其他业态”的融合发展活动等其他互联网体育服务。

（4）体育咨询。

体育咨询主要是指体育心理咨询，即体育心理咨询人员（如随队医生或心理工作者等）通过语言、文字等媒介，对咨询对象（如运动员或其他体育爱好者等）在学习、训练、竞赛、健康等方面出现的心理障碍和心理负荷问题（如犹豫、焦虑、自卑、失常等）给予帮助、引导、说服、教育的过程。

（5）体育博物馆服务。

体育博物馆服务是指用于展现体育历史发展过程、收藏展示体育文物、宣传体育科普知识、弘扬体育文化、传承体育精神等的博物馆提供的服务。

（6）其他体育信息服务。

其他体育信息服务是指电子竞技数字内容服务、体育运动地理遥感信息服务和其他数字体育内容服务，以及体育培训、赛事、健身软件和电子竞技产品制作等体育应用软件开发与经营等信息技术服务。

8. 其他体育服务

其他体育服务包括体育旅游服务、体育健康与运动康复服务、体育金融与资产管理服务、体育科技与知识产权服务等。

（1）体育旅游服务。

体育旅游服务是指观赏性体育旅游活动（如观赏体育赛事、体育节、体育表演等内容的旅游活动），组织体验性体育旅游活动的旅行社服务，以体育运动为目的的旅游景区服务，以及露营地、水上运动码头、体育特色小镇、体育产业园区等的管理服务。

（2）体育健康与运动康复服务。

体育健康与运动康复服务是指体质测试与监测服务，运动理疗服务，运动康复按摩服务，科学健身调理服务，科学健身指导服务，专科医院、中医院、民族医院和疗养院提供的运动创伤治疗、运动康复等服务，运动康复辅具适配服务，运动减控体重、运动养生保健等其他体育健康服务。

（3）体育金融与资产管理服务。

体育金融与资产管理服务是指体育基金（含体育产业投资基金）管理服务，运动意外伤害保险服务，体育投资与资产管理服务，体育资源与产权交易服务。

（4）体育科技与知识产权服务。

体育科技与知识产权服务是指体育科学研究服务、运动医学和实验发展服务、体育装备新材料研发和体育知识产权相关服务。

9. 体育用品及相关产品制造

体育用品及相关产品制造包括体育用品及器材制造、体育用品相关材料制造、体育相关用品和设备制造、其他体育用品制造。

（1）体育用品及器材制造。

体育用品及器材制造包括球类制造、冰雪器材装备及配件制造、其他体育专项运动器材及配件制造、健身器材制造、运动防护用具制造和特殊体育器械及配件制造。①球类制造是指各种皮制、胶制、革制的可充气的运动用球，以及其他材料制成的各种运动用硬球、软球等球类产品的生产。②冰雪器材装备及配件制造是指雪上、冰上运动项目器材装备及配件制造。其主要包括滑雪类运动项目（含滑雪、北欧两项等）、滑冰类运动项目（含滑冰、花样滑冰、冰壶、冰球、雪橇运动等）的器材装备及配件制造，其他雪上、冰上运动器材装备及配件制造。③其他体育专项运动器材及配件制造是指除冰雪器材装备外的各项竞技比赛和训练用器材及用品、相关体育场地器材设施的生产活动。④健身器材制造常以训练功能多少分为单功能和综合型多功能两大类器械的制造。常用的单功能器械制造包括划船器、健美车、健步机、跑步机、美腰机等器械的制造。综合型多功能器械制造一般包括扩胸器、引体向上、仰卧推举、仰卧起坐等器械的制造。⑤运动防护用具制造是指用各种材质，为各项运动特制手套、鞋、帽和护具的生产活动。⑥特殊体育器械及配件制造是指武术、散打器械和用品制造，运动枪械及其用弹制造。

（2）体育用品相关材料制造。

体育用品相关材料制造包括运动地面用材料制造和体育用新材料制造。①运动地面用材料制造是指体育场馆的运动场地用木地板、塑胶和地胶的制造，运动场、高尔夫球场等场地用的人造草坪制造。②体育用新材料制造是指用于体育用品、设备、器材等的金属合金材料、高强玻璃钢、高强合成纤维、高强碳纤维、高分子复合纤维等材料的制造。

（3）体育相关用品和设备制造。

体育相关用品和设备制造包括运动鞋帽制造、体育场馆用设备制造、体育智能与可穿戴装备制造、运动饮料与运动营养品生产、体育游艺娱乐用品设备制造、运动休闲车制造、运动康复训练和恢复按摩器材制造、户外运动器材及其他体育相关用品制造。

①运动鞋帽制造是指纺织面运动鞋、运动皮鞋、运动用布面胶鞋、运动用塑料鞋靴及其他运动鞋制造，相关运动服饰制造，不包括运动帽、游泳帽的制造。②体育场馆用设备制造是指体育计时记分系统设备制造，体育场馆塑料座椅制造，体育场馆灯光、音响、电子屏幕等设备制造。③体育智能与可穿戴装备制造是指体育场馆、健身房等场所和体育训练、竞赛、健身等活动用的智能设备和用品制造，可穿戴运动装备制造，运动智能无人机制造。④运动饮料与运动营养品生产是指运动功能性饮料、运动营养食品生产。⑤体育游艺娱乐用品设备制造是指供室内、桌上等游艺及娱乐场所使用的运动游乐设备（包括保龄球、台球、沙狐球、桌式足球等）、体育游艺器材和娱乐用品（包括军棋、跳棋、扑克牌等），主要安装在室内游乐场所的电子游乐设备，以及体育比赛用飞镖等弹射用具和汽车、火车、航空等仿真运动模型等产品的制造。⑥运动休闲车制造是指野营宿营车挂车、房车及其配件制造，运动休闲两轮车及配件制造，非公路休闲车及配件制造。⑦运动康复训练和恢复按摩器材制

造是指运动康复训练器材、恢复按摩器材制造。⑧户外运动器材及其他体育相关用品制造是指户外帐篷、运动眼镜等户外运动器材制造，体育项目用网（兜）制造，体育奖杯和纪念证章以及其他体育相关用品制造。

（4）其他体育用品制造。

其他体育用品制造包括运动汽车、摩托车制造，运动船艇制造和航空运动器材制造。①运动汽车、摩托车制造是指生产、改装运动型多用途汽车，以及越野、山地、场地等运动摩托车制造。②运动船艇制造是指赛艇、皮划艇、帆船、帆板、汽艇、摩托快艇、小艇、轻舟等运动器材及辅助用品制造。③航空运动器材制造是指体育航空器运动器材及零配件制造。

10. 体育用品及相关产品销售、出租与贸易代理

体育用品及相关产品销售、出租与贸易代理包括体育用品及器材销售、体育用品设备出租和体育用品及相关产品贸易代理。

（1）体育用品及器材销售。

体育用品及器材销售包括运动服装销售、运动鞋帽销售、运动饮料与运动营养品销售、体育出版物销售、体育游艺等其他体育用品及相关产品销售、体育用品及相关产品综合销售、体育用品及相关产品互联网销售。①运动服装销售是指运动及休闲服装批发、零售服务。②运动鞋帽销售是指运动鞋帽批发、零售服务。③运动饮料与运动营养品销售是指运动功能性饮料、运动营养食品批发、零售服务。④体育出版物销售是指体育图书、报纸、期刊、音像、电子和数字出版物的批发、进出口和销售服务。⑤体育游艺等其他体育用品及相关产品销售是指台球、飞镖、沙狐球、仿真运动模型以及游艺娱乐用品及其他体育文化用品批发和进出口服务，休闲运动车零售服务。⑥体育用品及相关产品综合销售是指百货、超市销售中的体育及相关产品零售服务。⑦体育用品及相关产品互联网销售是指体育用品、运动康复等器材、器具以及运动服装鞋帽的互联网批发和零售，体育电子商务服务。

（2）体育用品设备出租。

体育用品设备出租包括运动用球类出租、体育器材出租、室外健身器材出租、冰雪运动器材设备出租、山地户外器材设备出租等。

（3）体育用品及相关产品贸易代理。

体育用品及相关产品贸易代理是指体育用品及相关产品贸易经纪与代理活动。

11. 体育场地设施建设

体育场地设施建设包括体育场馆建筑和装饰装修、体育场地设施工程施工和安装。

（1）体育场馆建筑和装饰装修。

体育场馆建筑和装饰装修包括体育场馆设施建筑和体育场馆装饰装修。体育场馆及设施建筑是指体育馆工程服务、体育及休闲健身用房屋建设活动，以及城市自行车骑行和健身步道、跑步道工程建筑活动。体育场馆装饰装修是指体育场馆建筑的装饰装修。

（2）体育场地设施工程施工和安装。

体育场地设施工程施工和安装包括足球场地设施工程施工、冰雪场地设施工程施工、体育场地设施安装和其他体育场地设施工程施工（除了足球场、冰雪场之外的其他体育场地设施工程施工）[1]。

◎ 拓展阅读

2021年我国体育产业市场现状与发展前景分析
——2025年体育产业规模将破5万亿

1. 体育产业发展迅猛，体育服务业占比高达67.7%

我国体育产业规模稳定增长。根据金融数据和分析工具服务商（Wind）数据，2015—2019年，我国体育产业规模从1.71万亿元增加至2.95万亿元，年均复合增长率（CAGR）为14.58%；2020年受新冠病毒感染疫情影响，体育产业发展增速减缓，2020年我国体育产业总规模约为3万亿元，同比增长1.7%。（图4-4）

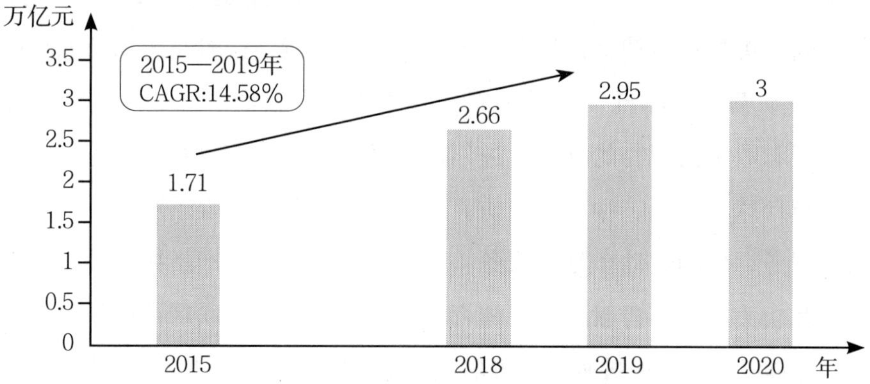

图4-4　2015—2020年我国体育产业规模

根据国家体育总局发布的数据，从体育产业内部结构来看，2019年体育服务业发展势头增强，增加值为7 615亿元，在体育产业中所占比重增加到50.6%；体育用品及相关产品制造在体育产业中所占比重增加到46.2%；体育相关基础设施建设蓬勃发展，体育场地设施建设实现增加值212亿元，现价增长速度达41.7%，在全部体育产业中所占比重为3.2%。（图4-5）

[1]　国家统计局.体育产业统计分类（2019）[EB/OL].（2019-04-01）[2022-08-10]. http://www.gov.cn/gongbao/content/2019/content_5419214.htm.

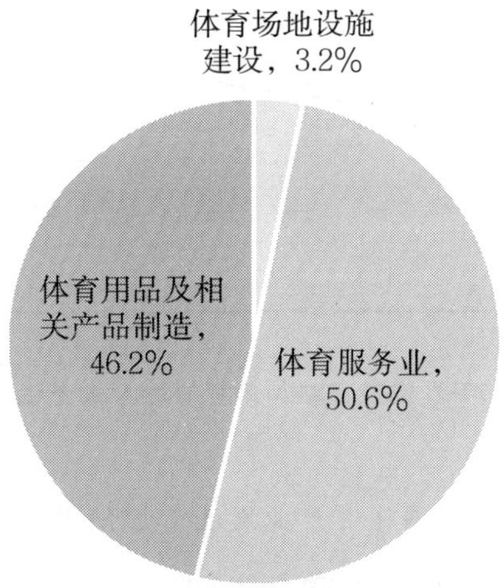

图4-5　2019年我国体育产业细分市场占比情况

2. 2025年我国体育产业规模有望破5万亿元

为了深入贯彻全民健身，深化体育产业的建设，国家提出《全民健身计划（2021—2025年）》，到2025年，全民健身公共服务体系更加完善，人民群众体育健身更加便利，健身热情进一步提高，各运动项目参与人数持续提升，经常参加体育锻炼人数比例达到38.5%，县（市、区）、乡镇（街道）、行政村（社区）三级公共健身设施和社区15分钟健身圈实现全覆盖，每千人拥有社会体育指导员2.16名，带动全国体育产业总规模达到5万亿元。（图4-6）

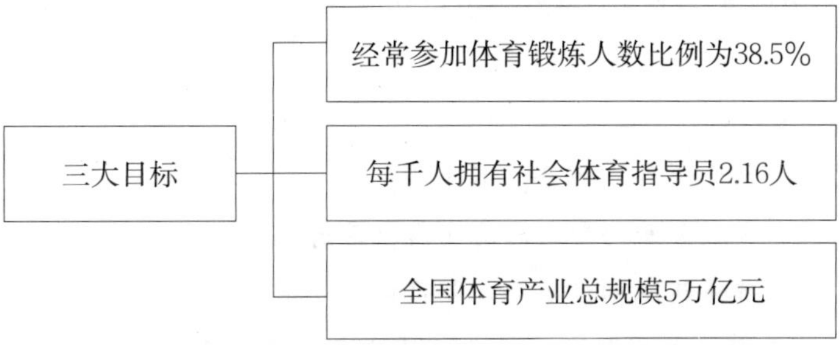

图4-6　2025年我国人民群众体育健身建设三大目标

为了进一步推动我国体育产业的发展，《“健康中国2030”规划纲要》对经常参加体育锻炼人数制订了目标计划：到2030年，我国经常参加体育锻炼的目标人数将达到5.3亿人。将来，会有越来越多的人参与到体育锻炼中，这将更加有助于体育产业发展，扩大体育产业的发展空间，国民健康指数有望继续提升。（图4-7）

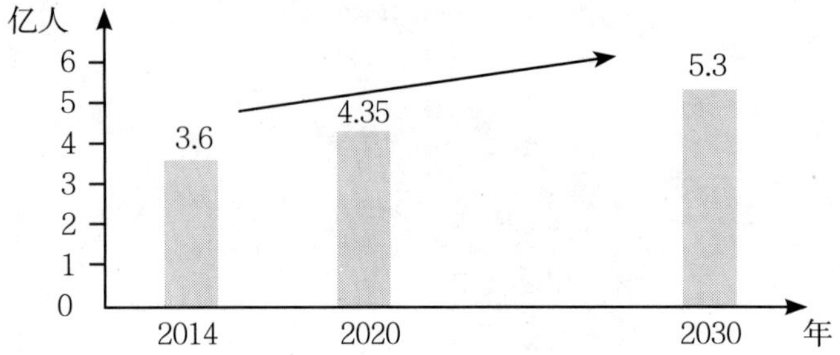

图4-7　2030年我国经常参加体育锻炼人数变化情况及目标

资料来源：前瞻产业研究院. 中国体育产业发展前景预测与投资战略规划分析报告[EB/QL].（2020-05-13）[2022-07-01]. https://www.qianzhan.com/analyst/detail/220/210813-4a36494c.html#comment.

▼ 小测试

市场调查的步骤分为哪几个阶段？每个阶段的主要任务是什么？

▼ 复习思考题

为什么要进行市场调查？市场调查的主要内容是什么？

▼ 讨论性问题

1. 结合同学的一个创业项目，回答以下问题：

（1）谈一谈该产品和服务面向受众的真实需求是什么？

（2）讲一讲如何准确地获取相应市场，即目标市场是什么？

2. 请大家分析一下市场成长期间，小米运动健康、华为运动健康、Keep三款App之间的市场竞争。

3. 请从我们身边的大学生创业案例出发，分别举出采用低成本策略、差异化策略、集中化策略的案例。

▼ 实践性问题

1. 举一个创业案例，说明其是如何进行市场细分、市场定位和市场营销的。

2. 以小组讨论的形式，对身边同学的创业案例进行分析，看市场调查的流程安排与问卷设计情况如何，存在的问题有哪些。

第五章　正确认识创业者

◆ 本章学习目标

1. 了解创业者的基本概念和应具备的特质。
2. 熟悉创业团队的组建和管理。
3. 掌握创业团队组建的策略和方法。

第一节　创业者概述

一、创业者的基本概念

17世纪，著名经济学家理查德·坎蒂隆（Richard Cantillon）最早提出“创业者”是“风险承担者”的概念，并阐述了“创业者”的个性特征。因此，理查德被认为是“创业者”概念的创始人。后来，理查德将创业者定义为企业家。熊彼特认为，企业家是经济发展的领头人，其作用在于新的创造。经过长期的实践，人们对创业者产生了不同的理解和诠释，一些经济学家指出，创业者通过改革、创新和引入新机制，把社会资源、劳动力、原材料及其他资本加以整合，从而产生更大的价值。从20世纪80年代开始，大量中小企业迅速发展，促使“创业者”这一概念开始引起学界的重视。

综上所述，创业者是一种主导劳动方式的领导者，是具有责任感、荣誉感和使命感的人，是具有思考、推理、判断能力的人，是具有组织管理能力、资本运作才能的人，是能迅速抓住机遇创造巨大商业价值的人。

二、创业者的特质

（一）创新

创新是创业者的本质特征，创业者都是具有创新精神的人。他们擅长改善资源的产出，善于运用新的方法面对不同的挑战。

（二）独立

创业者具有独立个性，他们大多数都倾向于自己独立工作，以此来实现人生目标。

（三）目标导向

创业者无一例外都是目标导向型的行动个体，具有追求卓越的动力、强烈的事业心和坚定的信心。因此，创业者很自然地设定个人目标，并且采取措施保证能够实现这些目标。

（四）坚强意志

创业者大多具有将消极环境当做机会而不是威胁的思维趋向，因此，他们都是具有坚强意志品质的人。

（五）规避风险

风险和不确定性存在于创业的每个环节，创业者要敢于在规避风险中抓住机遇。

三、创业者和职业经理人的区别

创业者与职业经理人之间存在显著的差异，如表5-1所示。

首先，创业者聚焦于发现机会和创造新事物，而职业经理人在维持现状的基础上，保持事物的持续发展和演进。其次，创业者承担财务风险，而职业经理人则不会也不可能承担此类风险。最后，创业者与职业经理人最重要的区别在于，创业者从事的是开拓性工作，通过他们的创业活动，实现了从0到1的变化；职业经理人则侧重于经营性活动，按照程序和制度开展工作，他们将1变成10，将10变成100。

表5-1　创业者与职业经理人的区别[1]

特征变量	创业者	职业经理人
雇佣关系①	雇佣者	被雇佣者
创业与否②	创业者（与所控制资源无关）	企业内创业
出资与否①	出资或继承出资	不出资
承担企业风险①	承担企业风险	与本人雇佣契约有关的风险
所有权和控制权①	同时拥有	无所有权，有一定的控制权
担任企业主管与否①	不一定担任	担任
创新功能②	更强调	强调

注：①表示可以直接识别；②表示需要进一步识别。

四、创业者的能力、创业动机和领导力

（一）创业者的能力

创业者的能力一般分为机遇识别与开发才能、人际交往才能、组织管理才能、战略发展才能等。

1. 机遇识别与开发才能

机遇识别才能是指识别具有潜在商业价值的机会并予以落实、做出与众不同的决策的能力。创业者只有具备这种能力，才能在创业机会出现时迅速做出决策，开展创业活动。成功的创业者需具备的基本能力是能够准确地识别和选择转瞬即逝的商机。

每个创业者都应该在创业初期问自己一个很重要的问题，即你的这个项目解决了消费者关心的什么问题。假如你一个问题都没有解决，那么你的这个项目就很难取得成功。创业就是为了解决消费者遇到的问题。

◎ 案例思考

拳击运动员杨建雄的创业之路

杨建雄从少年时期就与拳击运动结缘，退役后他还是无法舍弃自己的老本行，先后与伙伴们合伙开办拳击馆、柔道馆、少儿体适能馆等。通过实践他明白一个道理，想要事业有成就必须不断学习，努力提升自己，只有这样才能闯出一片属于自己的新天地。于是他两次报名参加了广西体育人力资源开发和保障中心举办的退役运动员职业转换暨健身教练培训班，并先后取得初级、中级健身教练国家职业资格。有了专业技能，就有了创业的底气。2018年9月，杨建雄

[1] 张玉利，薛红志，陈寒松，等.创业管理[M].北京：机械工业出版社，2020.

与另外3人合资在南宁市注册成立力炼者健身工作室。2021年他独资把力炼者健身工作室升级为广西南宁市力炼者体育文化发展有限公司，主营健身、康复、拳击、柔道、少儿体适能等项目。

回想创业初期的艰辛，杨建雄至今都难以忘却。那时懂得少，压力大，“柴米油盐酱醋茶”样样都得管，房租、装修、器材、水电、人员薪资等每一样都需要费用，必须精打细算。除了管好“家”，杨建雄还得想方设法创造业绩，从给每位用户制订训练计划、训练目标开始，到指导用户进行锻炼，再到实现用户的理想需求，每时每刻都要去思考、去指导、去落实，为了提高教学质量，他还派2名教练外出学习深造。

杨建雄深有感触地说：当年在运动队当运动员的时候，每天三点一线的训练生活，觉得很苦、很累、很难，与现在创业相比较，那点苦算不了什么，却培养了我们吃苦耐劳的品格。

资料来源：戴晓倩.运动员成功转型案例：广西拳击退役运动员杨建雄：勇敢面对，因为那是一个新的开始 [EB/OL].（2021-07-06） [2022-08-06]. https://www.tyrc.org.cn/a/zhdt/2021/0706/4746.html.

2. 人际交往才能

在创建企业的过程中，创业者需要与众多合作伙伴和谐交往，因此，具有良好的人际交往和沟通能力是创业者取得创业成功和使企业快速发展的关键因素。

3. 组织管理才能

组织管理才能，是指灵活运用各种方法，把各种力量合理地组织和有效地协调起来，实现既定目标的能力。组织管理才能也是创业者不可或缺的能力。

4. 战略发展才能

战略发展才能是创业者根据初创企业内部和外部环境，制定并执行初创企业发展战略的管理能力。创业者通过制定正确的初创企业策略，选择适合初创企业的商业运营模式等，培养初创企业的战略管理团队，来提高初创企业的竞争优势，促进初创企业的可持续发展。

（二）创业者的创业动机

创业动机是指创业者的一种意愿，这种意愿会影响创业者去发现机会、积累资源和开展创业活动。创业动机直接影响创业者的努力程度。创业者的创业动机包括以下三种：一是做自己的老板，拥有梦想并创建属于自己的企业；二是实现人生价值，当天生机敏的创业者认识到产品或服务能创造价值时，会把创意变为能够实现的意愿；三是创业者通过创业能获得经济收入。创业动机由于受到创业者的收入水平、受教育程度、经历等不同因素的影响，而呈现多样化。

（三）创业者的领导力

创业者的领导力主要表现在为初创企业设定目标、制订计划、建立高效的工作团队，并能够将技术研发、市场开拓、财务管理等方面的人才凝聚在一起，形成协同优势、确保战略实施、完成既定目标的能力。

领导力分为权力影响力与非权力影响力。权力影响力是来自正式组织的权力。例如，创业者是企业的创始人、法人，其身份、所处地位及拥有的权利（包括信息权、关照权、法定权、奖赏权、关联权、强制权）可以影响团队成员的工作岗位、收入、晋升、职业发展等，促使团队成员追随与服从。非权力影响力是源于创业者自身的专长、技能、学识、人品的影响力。例如，创业者是某一领域的专家或技术能手，能够得到团队成员的一致认同，促使团队成员追随与服从。创业者应从以下三个方面提高领导力。

1. 提升创业者的领导素质

第一，要积极进取。创业者应具有积极进取的精神，通常而言，创业者的进取精神和企业的发展高度关联。第二，要有领导的魄力。创业者要具有领导他人，却又不被人所领导的能力。第三，要正直。正直的表现是言行一致、诚实可信，只有正直的创业者才能获得团队的信任和支持。第四，要自信。创业过程中不可避免地会遇到挑战和挫折，创业者的自信体现为能力过人，在遇到困难的情况下，勇于做出正确的决定。

2. 提升创业者的管理能力

第一，创业者使团队的每个成员相信自己是组织中的重要一员，具有归属感；第二，创业者能有效消除团队成员的消极心理；第三，创业者能将企业目标与创业团队目标、团队成员个体目标有机结合，融为一体；第四，创业者能尽可能地避免或消除创业过程中的不良工作作风，为他人树立良好的榜样；第五，创业者要善于反思创业过程中出现的不足之处，从失败中汲取教训；第六，创业者能够公正而诚实地对待他人；第七，创业者要善于在创业过程中不断地自我激励并激励、调动团队成员的工作积极性，组建和谐的创业团队。

3. 学会激励团队成员

第一，创业者在创业过程中应制订具体、明确的工作目标并努力实现工作目标；第二，明确团队成员工作任务与职责；第三，赞扬团队成员的工作业绩，并使团队成员能够感受到被认可，以此获得团队成员的信任；第四，做一个积极的倾听者并尊重他人的观点；第五，不在公共场合指责团队成员，而是通过私下交流来了解、纠正团队成员工作中的不足。

◎ 案例思考

优秀创业者的领导才华[1]

北京小米科技有限责任公司（以下简称“小米科技公司”）于2010年4月正式启动手机实名社区——米聊社区，在推出半年内注册用户突破300万。2010年10月，小米手机启动研发。2011年8月16日研发完成，正式发布小米手机，自此开创了手机销售的“狂潮”。

目前，我国手机市场竞争日益激烈，智能手机也逐渐发展成为主流。小米科技公司在如此短的时间内，在企业人员规模、产品销量、融资规模等方面有着惊人的成长速度，离不开创始人雷军的领导。

雷军是小米科技公司的灵魂人物，他在创办小米科技公司前已取得出色的成就，并通过广泛的社会关系网物色和组建了小米科技公司的创业团队（董事长兼CEO雷军，总裁林斌，副总裁黎万强、周光平、黄江吉、刘德和洪峰）。事实上，小米科技公司创业团队其他成员是与雷军关系密切并相互信任的业内同仁或朋友，而雷军丰富的管理经验也为公司的发展提供了重要支持。

雷军认识到对于一个初创企业来说，清晰的组织模式的建立能够使大量的管理工作规范化、标准化、程序化，好的管理制度也是留住人才的关键。因而，小米科技公司首先在组织架构上将“强专业弱管理”的理念制度化，建立宽松、扁平化的组织结构。小米科技公司没有严格的等级制度，每一位员工都是平等的，每一位同事都是自己的伙伴。他们崇尚创新、快速的互联网文化，拒绝冗长的会议和流程，喜欢在轻松的伙伴式工作氛围中发挥自己的创意，形成了小米科技公司轻松的伙伴氛围。在这种氛围下，团队成员彼此共享信息，组织中人与人之间相互学习，从而不断产生新的知识，形成一种良性循环。

产品是企业各部门共同工作的结果，没有各个部门之间的互相作用和配合，就不可能有好的产品，因此，小米科技公司创业团队成员之间经常进行密切沟通，相关的营销人员、产品研发经理等经常被整合到一个团队，以小组形式促进跨部门沟通合作，从而对市场做出最快的反应。

小米科技公司实行透明化分配机制，形成物质激励与精神激励双管齐下的激励机制。在物质激励方面，雷军在金山公司工作时就因用宝马汽车激励网游团队而受到广泛关注，在小米科技公司，雷军更是为创业团队成员和普通员工提供了优于同行的薪酬和福利；在精神激励方面，金山公司曾经的“互联网精神”“做到极致”“用户口碑”和小米科技公司时下的“为发烧而生”等口号无不彰显雷军在精神和愿景激励方面的丰富经验。

---

[1] 徐万里，林文滢，陈艳萍.高科技企业创业团队的成功特质：基于小米科技创业团队的案例分析[J].科技和产业，2013（6）：126-130.

◎ 拓展阅读

体育院校大学生的创业者特质分析

随着我国经济产业结构的不断调整和升级，自主创业成为国家倡导的就业渠道之一，同时也是大学生发挥专业技术优势、实现自我价值以及得到社会认可的事业发展方向。就体育院校大学生而言，随着体育产业迅猛发展，形成了以体育产业经济为创业主战场向其他多领域辐射的就业格局。体育院校大学生在谋求传统体育就业岗位的同时，积极寻找机会进行自主创业。然而，较高的创业失败率让许多体育院校大学生产生创业恐惧。究其原因，表现在创业社会适应性方面的问题，直接影响着体育院校大学生的创业成功率。

社会适应性是指人与社会相互作用时的心理承受能力以及自我调节能力，体现为人的气质、性格、应激能力等心理指标。创业社会适应性是指人的创业动机、创业取向与创业行为必须与国家经济体制、产业结构和市场变化规律相适应，与创业经济领域对个体知识结构、心理品质和实践能力等素质要求相适应。也就是说，体育院校大学生的创业认知、知识结构、能力和素质以及创业行为必须适应当前社会经济领域对一名创业者的要求。

1. 体育院校大学生创业社会适应性特征表现

体育院校大学生存在以下创业社会适应性特征表现：他们有文化，具有稳定的知识结构和专业技能；有激情，思维活跃，容易接受新事物；有精力，年富力强，无沉重的家庭负担。与非体育院校大学生相比，体育院校大学生因受专业教育的熏陶以及体育竞争的磨炼，具有健壮的体格、俊朗阳光的外形、幽默大方的谈吐、勇于挑战的个性、迅捷果断的做事风格和良好的团队精神，拥有信守“失败乃成功之母”的坚强性格。体育院校大学生创业者普遍具有做事果断、抗压能力强、具有挑战精神和合作意识的特征，这种鲜明的个性特质能够适应瞬息万变的市场竞争，他们能与同伴一起发起强有力的市场攻势。此外，体育院校大学生也具有着创业取向定位不够理性、知识结构单一、创业经验不足、创业技能欠缺、创业风险承受力差等社会不适应性。

2. 体育院校大学生规避创业社会不适应性

体育院校大学生具备的创业者特质是其他院校大学生所无法比拟的，这些特质将有助于他们创业成功，但其表现出来的创业不适应性也是极其严重的，必须不断地修正完善，否则将对创业产生不利的影响。

（1）理性定位创业取向。

创业取向是指一个创业者对创业时间、创业方式、创业领域和创业规模的选择与定位。体育院校大学生创业最适合的时间是毕业后几年，待积累一定的社会资本后再理性地步入创业之路。体育院校大学生创业最好的方式是合伙创业，组建一个诚实、守信、意志与信念一致的创业团队，形成优势互补的合作模式，是成功创业的基础，也是体育院校大学生创业的最好方式。此外，体育院校大学生创业应优先选择与专业相关的体育产业领域，选择投资少、见效快且风险相对较低的体育产品研发、商品经营、健身服务类项目。人们普遍认为，刚毕业的体育院校大学生因缺乏足够的社会资源，创业规模不一定大，最好从小、从底层做起，边经营边积累资金和经验，集中精力对核心项目业务深度开发和经营，避免为瞬间的蝇头小利而步入“东一榔头西一棒槌”的经营误区。对于一名创业者来说，因每个人的家庭背景不同，接受的教育以及社会经历都不一样，对创业时间、创业方式、创业领域和创业规模等有着不同的价值认识。虽然不能用正确与错误来评判，但一定程度上彰显着他们对创业取向的理性思考。就目前的市场需求而言，健身服务、体育产品越来越受到人们的青睐，更多潜在的或是前人未涉足的新型岗位需要开拓。

（2）拓宽知识结构、提高创业技能和熟悉商业操作流程与技巧。

由于长期从事大强度、高密度的体育锻炼，体育院校大学生投入文化课学习的时间与精力相对不足，他们的文化课基础差、底子薄，知识结构比较单一，加之学校缺乏对学生创业能力素质的专门培训，许多体育院校大学生缺乏经营管理知识、市场营销知识、商业管理能力及商机判断与决策能力，这些不利因素成为体育院校大学生创业发展的“瓶颈”，一定程度上影响着他们在创业道路上继续前行。实际上，体育院校大学生最缺乏的创业知识，一是经营管理知识，二是市场营销知识，三是人际交往知识；体育院校大学生最缺乏的创业能力，一是经营与管理能力，二是行业技能，三是商机判断与决策能力。

3. 正视创业困难、创业影响因素，做好创业失败的心理准备

在创业中，创业资金、创业商机、社会关系和创业技能对体育院校大学生创业能否成功影响较大。尤其是对创业资金须引起足够的重视，力争得到各方面的帮助和扶持以及国家创业风险基金的倾斜。社会环境、国家政策、亲人的关注程度等因素也需要加以关注。体育院校大学生创业过程中遇到的最大困难，一是资金，二是个人素质，三是创业项目。体育院校大学生创业要积极寻求国家和成功人士的支持与帮助。

4. 培养提高创业社会适应性的对策

（1）培养计划性和执行力强的创业者特质。

体育院校大学生创业者须制订大学期间的知识补充、社会实践、创业技能磨炼的学习计划，然后不折不扣地逐一落实，培养计划性和执行力强的创业者特质。首先，在专业课学习的基础上，补充学习，拓宽知识结构，掌握一些市场营销、公司管理、法律、财会与风险投资等知识，以及进一步提高外语对话水平、计算机操作技能。其次，充分利用教学、训练与体育竞赛的机会，体验胜利的喜悦与失败的痛苦，不断磨炼创业者行为习惯，培养活跃的思维，独特的思路，灵活处事、敢于打破常规和坚韧不拔的创业心理素质，建立无论今天发展形势有多好，明天都可能被淘汰的风险意识。最后，利用专业实习、第二课堂活动、社团活动以及兼职打工等机会，接轨社会，实践、感悟知识，将专业技能转化为“顾客需要”的商业技能。

（2）做好创业准备和践行创业行动。

“实践出真知，行动出效能”，体育院校大学生一定要利用课余时间模拟创业过程。首先，根据个人兴趣爱好、心理素质、性格特点等选择创业领域，确定彰显体育个性的创业项

目，制订详细的创业计划书，从公司建立、名称确定、资金筹措、管理制度、员工招聘等方面进行模拟实战。其次，利用网络媒体和以“顾客”的身份进行市场调研，了解项目发展前景，分析市场占有率、竞争者状况和顾客需求。体育院校大学生可以通过参加体育健身服务、体育信息咨询、社会文体活动、组织体育竞赛等形式，广泛接触社会，积累社会经验，感悟商业环境，培养商机意识和市场洞察力。再次，组建创业团队，明确权责关系，制定相关管理制度。最后，制定营销策略，确定融资渠道和资金分配计划，处理好利润分成、风险分配关系；同时，做好创业失败的心理准备和应对措施。

5. 构建创新创业教育与专业教育相融合的教育理念与教学模式

由于精英教育观念在大众化教育背景中的延续，高等体育院校专业人才培养课程设置难以冲破学科理论体系的束缚，造成学生的知识结构、专业技能不能很好地适应就业岗位和自主创业的需要。为此，必须转变教育观念，以现代化教育理论为指导，从课程体系、教育模式与实践教学体系入手，构建创新创业教育与专业教育相融合的教育理念与教学模式。首先，建立“打通基础、层次分流、重点培养”的专业课程体系，必须着眼于体育领域的社会发展趋势，主动适应社会人才需求变化，改革依据体育学科体系建立的课程体系，增设创业知识、创业技能和职业特性的必修课与选修课，突出培养体育创业者；其次，建立“立足课堂、内化渗透、技能转化”的教育教学模式，把培养学生的创新精神、创业意识、创业素质摆到与专业知识和技能同等重要的位置，把创新创业精神内化到学生人格中去，把创业能力培养渗透到整个教学环节中去，建立体育知识传承与创业知识学习、体育技术传授与创业心理培养、体育技能掌握与创业技能转化、体育运动特性与创造性思维培养、通识教育与个性化教育相结合的教学模式。

资料来源：李继东，刘振忠，周静.体育大学生自主创业社会适应性的调查与分析[J].山东体育学院学报，2011，27（8）：19-23.

▼ 小测试

1. 如何培养创业者的领导力？
2. 体育院校大学生如何培养社会适应能力、提高创业能力？

第二节　创业团队概述

一、创业团队的概念

创业团队是一个特定的群体，是由两个或两个以上具有共同的创业理想、价值观和创业愿景，为了共同的创业目标，团结合作、相互信任并共同承担创建新企业责任的人组建的工作团体。

调查表明，约70%创业成功的企业拥有多名创始人。其中企业创始人有2～3人的占整体的44%，有4人的占整体的17%，有5人及以上的占整体的9%。尤其是在高科技领域，团队创业比个体创业多得多。因此，没有团队的创业也许并不一定会失败，但要创建一个没有团队而具有高成长性的企业却极其困难[1]。

二、创业团队的优劣势分析

创业团队具有明显的创业优势。著名心理学家卡尔・古斯塔夫・荣格（Carl Gustav Jung）就曾列出一个公式：I + We = Fully I（即我+我们=完美的我），意思就是一个人只有将自己融入集体中，才能最大限度地实现个人价值。当今社会，创业已非纯粹追求个人英雄主义的行为，团队创业的成功率要远高于个人独立创业。

创业团队的优势主要体现为：一是可以激发团结精神，增强灵活性，提高工作效率，团队成员在受教育程度、工作经历和人际关系网络等方面的复杂性使其所掌握的资源更为充足；二是创业团队能够使初创企业更好地适应内外环境的变化，有利于降低创业风险，通过创业团队成员之间的技能互补，发挥整体优势，提高驾驭环境的能力，从而降低创业失败的风险。此外，创业团队是初创企业管理团队的基本组织形式，有利于对企业管理风格的传承。实践证明，团队创业的失败率远远小于个人创业，所以，这也是潜在投资者总是偏向于投资团队创业者的主要原因之一。

创业团队的劣势主要体现为：一是收益分享冲突；二是创业团队成员的经营理念与方式不一致，思想无法统一，容易发生情感冲突；三是创业团队成员之间的个性与兴趣爱好不一致，影响正常创业活动的开展；四是创业团队决策缓慢，影响其对一些稍纵即逝的市场机会的把握；五是创业团队成员之间由于权责不明会给初创企业造成不利影响。因此，组建创业团队，要采取有效的措施，消除上述不利因素的影响。

三、创业团队的组建

一般来说，创业团队的组建需要遵循以下三项原则。

（一）共同志向原则

共同志向原则，是指创业团队成员具有共同的创业理念和创业愿景，彼此相互信任。

创业团队应在企业创立初期集合全体成员一起讨论企业的发展方向，并提出明确的发展

[1] 邓汉慧. 组建有效创业团队的关键点[N]. 中国青年报，2013-09-23（9）.

目标，以建立共同的创业理想和一致的企业价值观；同时，在企业发展壮大的过程中，一直坚定地向着自己的目标而奋斗，并不断完善和巩固团队的共同理想，以增强团队的凝聚力。

创业团队成员形成共同理想需要满足以下四个基本要求：一是积极面对机遇与危机，培养自身应对挫折的心理素质，出现问题从自身找原因，不怨天尤人；二是认真做事，踏实做人，团队成员要认真做好本职工作；三是认识自我，理解他人，尊重别人的生活习惯和工作方式，团队成员之间需要相互协作和优势互补；四是提高工作效率，形成团队协作精神，构建积极向上的企业文化。

防止创业团队成员之间互相产生不信任的有效途径：一是选择优秀的团队成员。选择团队成员的标准是团队成员的价值观与行动目标应一致，团队成员的工作技能或知识在初创企业发展壮大的过程中可以持续改善，但是个性、品行等隐性的素质却很难改善。因此，在创业团队成立初期应对团队成员做出全面评估，以确定该成员能否满足整个团队的发展需要。二是将团队的利益与个人利益挂钩。团队成员要把初创企业目标看成是团队的共同目标，定期向团队汇报完成情况，使团队成员能够清楚自己在企业中存在的价值。三是让团队成员有集体荣誉感。企业需充分调动团队成员的积极性，使团队成员自觉肩负起责任来。四是关心关爱团队每个成员。企业需了解团队成员的需求，满足团队成员的合理要求。

（二）利益激励原则

第一，股份或期权激励。在组建创业团队过程中，为了聚合人才，初创企业一般会采取给予特殊人才股份或期权的做法。这样做的好处是以较低成本获得最忠实的团队成员，以便推动创业成功。第二，团队利益应高于个人利益。博雅天下传媒文化发展有限公司总裁荣波认为，股权分布是初创企业健康成长的基因；北京奇虎科技有限公司董事长周鸿祎指出，不管团队强弱，都不要把股票分完。因此，再强的团队，也要留15%～20%的池子，团队弱一些，你要懂得大方地留下40%甚至50%的池子才行[1]。

（三）互补原则

创业团队成员的异质性和互补性，对创业团队和初创企业来说具有十分重要的意义。创业团队成员之间具有互补性能够为企业提供差异化的知识、技能等各类创业资源，帮助初创企业更好地抵御创业的风险。一个企业的快速成长，不仅取决于该企业首席执行官（CEO）的个性禀赋、行动力和背景，还取决于团队成员的合作意识。所以，团队成员的选拔应充分

[1] 王艳茹，王兵. 创业基础课堂操作示范[M]. 北京：北京师范大学出版社，2014：79.

考虑其在知识结构、技术、管理、市场、营销等方面的合理配置。另外，企业在各个阶段对团队成员也应有差异化的需求，在企业发展初期，团队成员通常以技术技能型人才为主；在企业发展壮大期，需要管理技能与市场开发经验并重的人才；在企业成长期或者规模较大时，则需要增加对团队成员培训的权重。对于体育院校大学生而言，在组建团队时要充分考虑自身在财务管理、数据分析等方面的不足，补齐短板，充分发挥自身优势，保证创业成功。

◎ 拓展阅读

大学生创业团队组建的特点[1]

调查表明，大学生组建创业团队时，团队成员组成结构通常包括以下三种方式。

1. 大学生+大学生模式

该类创业团队依托于校园资源，积极向校外扩展。成功率与发展趋势很大程度上取决于团队内部的人员分工。

2. 大学生+就业人士模式

该类创业团队既能得到一定的政策优惠，又具有相当的社会经验，具有较大的发展潜力。例如，李开复从谷歌离职后创办的创新工场。

3. 就业人士+就业人士模式

该类创业团队具有丰富的实践经验与创业资源，创业成功率较高。

调查发现，大学生初创企业以大学生+就业人士合作模式居多，占整体的45%；就业人士+就业人士模式占整体的30%，而大学生+大学生的模式占的比例最小，仅为25%。访谈中创业者认为，60%以上的创业活动都是以团队形式开展的，团队创业的绩效要比个体创业更好。事实上，只要创业团队与创业项目、拥有的资源及其所处的行业匹配，选择哪种创业团队的组建方式都是可行的。

但是，调查也发现，创业团队很难保持不变，82%的创业团队的核心成员会离开企业，其主要原因如下：个人规划和企业发展冲突，占整体的40%；利益分配不均，占整体的30%；内部人员分歧和管理结构调整，分别占整体的18%和12%。

大多数大学生创业团队因不能很好地处理团队成员之间的分工和利益分配，导致核心成员离开。核心成员离开会给企业带来巨大的损失，他们不仅会带走企业的核心技术，甚至会带走优秀的员工，成为企业的竞争者。

为什么会出现这种现象呢？

首先，许多大学生创业团队缺乏领军人物。

大学生创业团队组建时经常忽视团队领军人物的个人创业素质与能力。大多数情况下，将

[1] 邓汉慧. 组建有效创业团队的关键点[N]. 中国青年报，2013-09-23（9）.

出资多、年长、关系近或者最早识别到商机的发起人确定为创业团队领军人物。而过于简单、过于依赖情感关系的团队，当企业在成长过程中遇到重大问题时，会由于团队没有核心人物而不能迅速做出决策，无法使团队成员达成共识，无法带领团队走出困境。

团队领军人物需要有胸怀和魅力，能将团队利益放在第一位，能与真正有贡献的人分享财富，信任并给予团队成员适当的权责，使他们成为能完成任务的骨干，能妥善处理各种权力和利益关系，了解团队成员的需求，识别并尊重团队成员之间的差异，制定合理的团队管理规则，并使所有指标尽可能地量化。

其次，许多大学生创业团队成员缺乏优势互补。

许多大学生创业团队成员来自同一专业领域，或者同校、或者同班。虽然他们志同道合，相互之间更加了解、信任，但是，由于他们拥有的知识、技能、经验相似，重叠程度高，对企业获取创业资源（如资金、人脉等）有限制，不利于企业成长。

◎ 案例思考

创业团队的最佳组合[1]

腾讯创业团队堪称难得，其理性堪称标榜。马化腾与同学张志东合资注册了腾讯公司，之后又吸纳了3位股东：曾李青、许晨晔、陈一丹。为避免彼此争夺权力，马化腾在创立腾讯公司之初就和4个合作伙伴约定：各展所长、各管一摊。马化腾是首席执行官（CEO），张志东是首席技术官（CTO），曾李青是首席运营官（COO），许晨晔是首席信息官（CIO），陈一丹是首席行政官（CAO）。腾讯公司创始团队成员（5人）一直合作，不离不弃。直到腾讯公司做到如今的帝国局面，其中4人还在公司一线，只有曾李青（COO）挂着终身顾问的虚职而退休。都说一山不容二虎，尤其是在企业迅速壮大的过程中，要保持创始人团队的稳定合作更加不容易。在这背后，工程师出身的马化腾从一开始对合作框架的理性设计功不可没。

从股份构成来看，5个人一共凑了50万元，其中马化腾出资23.75万元，占47.5%的股份；张志东出资10万元，占20%的股份；曾李青出资6.25万元，占12.5%的股份；其他两人各出资5万元，各占10%的股份。虽然主要资金都由马化腾所出，他却自愿把所占的股份降到一半以下（47.5%）。“要他们的总和比我多一点点，不要形成一种垄断、独裁的局面。”同时，他自己又一定要出主要的资金，占大股。“如果没有一个主心骨，股份大家平分，到时候也肯定会出问题，同样完蛋。”

腾讯公司保持稳定的另一个关键因素，就在于搭档之间的“合理组合”。据中国互联网史《沸腾十五年——中国互联网：1995—2009》作者林军回忆说：“马化腾非常聪明，但非常固

[1] 佚名. 腾讯五虎将：难得的黄金创业团队(一)[EB/OL].（2021-09-16）[2022-08-05]. http://ishare.iask.sina.com.cn/f/sMLOqVMJQxZ.html.

执，注重用户体验，愿意从普通的用户的角度去看产品。张志东是思维非常活跃，对技术很沉迷的一个人。马化腾技术上也非常好，但是他的长处是能够把很多事情简单化，而张志东更多的是把一件事情做得完美化。”许晨晔和马化腾、张志东同为深圳大学计算机系的同学，他是一个非常随和、有自己的观点但不轻易表达的人，是有名的“好好先生”。而陈一丹是马化腾在深圳中学时的同学，后来就读于深圳大学，他做事十分严谨，同时性格又非常张扬，他能在不同的状态下激发大家的热情。

其他几位合作者都只是“搭档级人物”，只有曾李青是腾讯公司5个创始人中最好玩、最开放、最具激情和感召力的一个人，与温和的马化腾、爱好技术的张志东相比，其比马化腾更具攻击性，更像拿主意的人。

专家点评：

一支优秀的创业团队，需要一位能带领团队不断走向成功的领导；同时，在团队成员构成上，如果能在技能、知识和能力方面形成互补，那么该创业团队就能实现整体大于部分之和的高效率；创业团队的社会关系一定程度上体现了该创业团队获取资源的能力，这在企业创立与发展时期十分重要。在创业初期，上述经验为创业团队物色和挑选创业伙伴提供了重要的启示。

四、创业团队的管理

（一）创业团队管理需具备的要素

创业团队管理的重点是在维持团队稳定的前提下尽可能地发挥团队多样性优势。创业团队管理需具备的五要素包括目标、人员、定位、职权和计划。

1. 目标

创业团队应该制定共同的目标，为团队成员导航。在初创企业的管理中，目标要通过初创企业的愿景、战略来体现。

2. 人员

初创企业制定的目标只有通过人才能实现。在一个创业团队中成员分工要明确，团队成员通过合作来实现目标。初创企业在选拔人才时，要考察人才在能力、经验和技术方面如何互补。因此，在一个创业团队中，应充分发挥各种人才资源的优势，将人才资源进一步转化为人力资本。

3. 定位

定位包含两层含义：一是创业团队的定位，即创业团队在创业过程中的地位，如何选择团队成员、组建团队，创业团队的社会责任是什么，采用何种方法激励团队成员等；二是行为个体（创业者）的定位，即成员在创业团队中扮演的角色，是计划制订者还是计划具体实施者或评价者；是大家共同出资、委派某个人参与管理，还是共同参与管理，或委托第三方（职业经理人）代管。这决定了初创企业在组织形式上是合伙企业还是公司制企业。

4. 职权

创业团队中领导者的权力大小与创业团队发展阶段及初创企业所属的产业类型有关。一般来说，在创业初期，创业团队领导者的权力相对比较集中；创业团队越成熟，领导者的权力就越小。

5. 计划

计划包含两层含义：一是初创企业为了实现共同目标而制定的一系列具体的行动方案，即为实现共同目标而采取的具体措施；二是按计划实施，即创业团队按计划一步一步地接近目标，并最终实现目标。

创业团队管理的要素在企业形成和发展的不同阶段具有的不同特点，如表5-2所示。

表5-2　创业团队的管理要素在企业形成和发展的不同阶段具有的不同特点[1]

要素	形成阶段	规范阶段	震荡阶段	成熟阶段
目标	果断锁定企业经营的关键人才，为企业快速起步做好准备	提高绩效，提升团队作战能力	应对各种可能出现的问题	为企业新发展做好准备
人员	核心团队，人员不多，可忽略	确定长期合作者，做好沟通	稳定现有成员，通过各种渠道寻求新的合作伙伴	建立创业团队层次与大团队建设
定位	主要是根据项目类型，寻找必需的创业核心，一般是管理、技术、产品、销售、融资（财务）方面的互补性人才，可优先考虑熟悉型人脉	磨合后的各种管理规范建立，形成稳定的制约机制	经营一段时间后，企业和个别成员出现问题并采取应对措施	根据企业发展新阶段，为企业新的发展储备人才
职权	根据特长与职能初步划分，在磨合中微调	划分清晰，形成组织架构	根据团队存在的问题，权责调整	制定新组织架构，建立新发展格局
计划	根据人脉情况，圈定目标后，做出计划时间表	根据经营情况，制订管理计划	人员调整计划	人员长远发展规划

（二）创业团队中领导者的行为策略

1. 针对不同阶段采取的不同措施

在形成阶段，创业团队的共同目标、成员之间的关系、规章制度等尚未建立，领导者的核心任务是让团队成员快速融入团队，要让团队成员理解个人的目标和团队目标的相互依存性；在规范阶段，团队日常事务能顺利运转，但主要的决策与存在的问题仍需领导者做出指示；在震荡阶段，允许团队成员提出不同的意见与看法，目标由领导者制定转变为团队成员

[1] 陈文彬，吴恒春. 创业实务教程[M]. 广州：暨南大学出版社，2010：140-141.

的共同愿景；在成熟阶段，团队被激发出前所未有的潜能，获得一定的经济效益，并且获得较高的用户满意度，此时管理的主要目的是维持经济增长的动力，防止固化、老化。

2. 增强团队的凝聚力

团队凝聚力是企业发展的源泉，团队成员同甘共苦，经营成果能够公开合理地分配，能够增强团队的凝聚力。在创业的过程中，团队领导应培养团队成员的团队精神与合作意识，从而提升初创企业效益。

3. 培养团队成员间的融洽关系

初创企业领导者应主动和团队成员进行良性的沟通，并且能够管理和解决好团队成员间的冲突和矛盾，能够从团队的整体利益出发，培养团队成员之间和谐的人际关系，只有将团队打造成互相信任的高效集体，才能提高团队抵御创业风险的能力。

4. 及时解决团队成员间的矛盾

一般而言，团队成员间的矛盾按其特性可分成两大类：一种为破坏性矛盾，主要由于矛盾各方的目的与路径不同而造成，这种矛盾所产生的结果通常是毁灭性的，是企业产生内耗的主要原因，初创企业应避免此类矛盾的产生；另一种为建设性冲突或良性矛盾，即矛盾双方虽然利益目标相同，但由于是在特殊情况下发生的争执，对创业团队目标的达成是有益的，因此，需要团队领导者给予积极、正确的引导。团队领导者应及时发现团队成员之间的矛盾，并分析产生矛盾的原因，进而合理地加以解决。

◎ 案例思考

在校大学生如何组建创业团队[1]

什么样的创业团队是最有效的？如何管理创业团队以提高团队效率？

作为中南财经政法大学创业先锋的陈镜荣和黄衍博，在他们创业的初期遇到了许多关于组建和管理创业团队的问题。如何选才、如何管才成为摆在他们面前的一道难题。在经过不断地摸索之后，他们成功实现了选才、育才和用才，带领自己的团队不断走向成功。

1. 陈镜荣：兴趣+“师傅+徒弟”

创业项目：PPT定制+翡翠精准营销

（1）团队成员的招募：PPT定制创业团队主要是以兴趣为集合点，通过开展公益PPT讲座，网罗高校喜欢做直观类型PPT的大学生聚集在一起。对于团队成员而言，这既是创业，又是兴趣，也是学习，还是交友。每个PPT设计师同时也是翡翠（公司另一业务）的分销商。

[1] 赵金良. 中南财经政法大学创业学院院长邓汉慧教授谈创业教育创新与专业化[EB/OL].（2012-04-16）[2022-08-09]. http://www.kab.org.cn.

（2）创业团队的管理：当优秀的设计师因为年龄、健康等原因，被调升至管理岗位时，或者优秀设计师跳槽时，容易出现设计师断层。例如，初创企业创始人由于过度操劳、设计师患上“眼压高”的职业病而导致视力下降，此时，初创企业会丧失中坚力量。因此，初创企业应重视培养新人，以“师傅+徒弟”的方式，大胆提拔新人，从而保证技术梯队的稳定，为长远发展奠定基础。初创企业培养新人的方式是“手把手教学”，创业团队领导者每周组织3次培训，将往期制作的案例逐一进行拆分，梳理逻辑、排版、动画制作的套路，教会“徒弟”。

2. 黄衍博：要的就是优秀的你

公司简介：黄衍博创建武汉追忆那年网络科技公司，旨在为亲密关系的人打造一个线上移动的家。从2015年8月开始，其与武汉天使翼创业服务有限公司签订深度创业辅导协议；同年10月研发第一版“忆年”产品进入新媒体推广期；2017年，武汉追忆那年网络科技公司获得武汉天使翼创业服务有限公司的天使轮投资，继而又获得了赛马资本董事合伙人的投资，完成“忆年”2.0版本上线工作并取得20万以上的下载用户。

组建和管理创业团队的做法如下。

（1）寻找最优秀的同行者。

两位联合创始人——黄衍博和希热娜依·艾力在此之前均有创业经历，目前两人分别担任武汉追忆那年网络科技公司首席执行官（CEO）及首席运营官（COO）。该公司团队始终秉承打破单一的理念，打破将创业团队局限于校园内的传统大学生创业模式，不仅吸纳优秀的在校大学生，更是敢于向社会融资，吸纳其他优秀的社会在职人员。这种多元化人才选拔模式为该公司的发展提供了人才支持。为了生产出质量较好的产品，公司需要打造最优秀的团队。在技术研发方面，公司吸引了来自华为、微软等知名企业人才的加入；在产品制造方面，公司吸引了国内知名电商公司产品总监的加入；在运营方面，公司吸引了来自腾讯、阿里巴巴等知名互联网公司人才的加入；在投资方面，公司吸纳了原北极光创投投资总监和赛马资本董事合伙人。

（2）共同构筑一个未来。

只有真正理解忆年的人，才能跟忆年一起走下去，一年又一年。忆年创始人确保每一位团队成员都能够理解忆年现在在做什么，未来要做什么，忆年的出现与成长对社会大众意味着什么——忆年的价值在哪里，为亲密关系的人打造一个线上移动的家是忆年的愿景。忆年想要为用户搭建一个线上的私属空间，即使彼此相隔万里，也永远有一个手机上移动的家，里面有他们的全部印记（照片、视频等）。忆年，让亲密关系有图有据。

（3）勇敢做不容易的事。

做好一件事从来都不容易。该公司创始人在团队成立初期便有意识地在工作中让团队成员感受到创业的氛围，让每一位团队成员铭记创业者的身份，以创业者的要求进行自我约束。在忆年，加班既是一种团队成员自发的行为，也是创始人认可的工作常态；在忆年，每一位团队成员既各司其职，也随时待命为其他团队成员打下手；在忆年，快速成长、快速适应才能避免被市场淘汰。正是这种紧迫感，使得团队成员真切地感受到创业的不易，从而更加团结地为公司的发展而努力。

（4）向前走比什么都重要。

向前走比什么都重要。该公司的研发团队及运营团队坚持每隔半个月进行一次讨论，确定接下来的工作计划；每隔半年进行一次讨论，确定下一步的工作目标。忆年要求团队成员即使在高压状态下也要做出实实在在的成绩，用实力证明自己的能力。对于初创企业，时间就是生命。设立目标，用实力带领忆年向前走是对忆年每一位团队成员的要求。忆年创始人为团队成员植入使命感，激励各团队成员不断突破，不断前行。

（三）创业团队的股权设计

股权设计，是指将适当的股权分配给合适的创业者的安排和规划。股权分配又称所有权分配，科学合理地分配股权，建立利益分配机制，实现利益共享，是维护创业团队长期稳定的重要举措。组建创业团队最核心的还是利益分配。对创业团队来说，如何合理地分配股权是一个非常重要且需认真思考的问题。从所有权的角度来看，股权意味着对初创企业财产的拥有量。《公司法》规定，按出资的比例分配股权，按出资比例行使表决权，在股东大会上表决，实行一票一股。小型创业团队可以采用灵活的股权计划。

由于每个初创企业的情况都不同，创始人股权分配并不存在最优方案，没有标准答案。但是，其中有一个隐形标准，即当股权分配完毕时，要求每个联合创始人对这个分配方案都持满意的态度。

◎ 案例思考

火锅店三剑客分股权的启示[1]

A是个厨子，拥有独家祖传秘方，让人吃了一次想第二次，念念不忘。

B钱多而且熟悉各种工商流程，愿意提供大部分的启动资金，并负责初期的开店注册手续。

C是个年轻IT小伙儿，觉得目前移动互联风刮得呼呼的，想用互联网思维来为餐饮业创造更可观的利润，有IT技术，会做微信平台开发，也提出了一个全新的商业模式，听起来前景诱人。

三个人都没有运营餐饮行业的经验和经历，但决定开店后共同经营管理。他们三人针对股权分配的问题展开讨论：

A说："开餐饮没什么壁垒，人人都能做，但味道好是吸引顾客的第一要素，所以厨师的手艺是很重要的。"B和C都同意。

B说："没错，厨师的手艺是很重要的，不过光有手艺也不能把我们的事业做起来。开店需

[1] 佚名. 创业团队的股权（股份）应该怎么算？[EB/OL].（2014-08-12）[2021-08-15]. https://www.zhihu.com/question/22851516/answers/updated.

要一大笔启动资金，再说咱一起做这事不也是为了赚钱回来吗，所以一开始的资金投入也是非常重要的。”A和C表示没有异议。

C说：“光满足以上两点可能只是小打小闹，累不说，也赚不到大钱，我提出的这套商业模式结合好的推广，一定能帮我们获得很高的营业收入！”

A和B琢磨了一下，觉得这个新模式谁都没有去验证过，风险很大，运营方面C也没有特别多的经验，于是跟C说：“这样好了，我们暂时认可如果能按你预想的那样，我们可以得到更多的营收。但这事也没个准，等我们做起来之后，发现你的方法确实有效果、带来了额外的营收和利润，再给你兑现这部分股权，你这部分贡献是预期的，所以相应部分现在你先拿期权好了。”C是个通情达理的人，觉得于情于理这样做都会比较合适。

经过一番友好的商讨之后，他们结合餐饮这个行业的实际情况，把100%的权重分为手艺25%、合伙人出资55%、商业模式和运营20%三部分。然后A、B、C三人各自对这三项进行打分，以0～5分为标准，表5-3为他们的最后商讨结果。

表5-3　股权权重统计表

股权	权重/%	A	B	C
手艺	25	5	0	1
合伙人出资	55	2	5	1
商业模式和运营	20	1	2	5
总股权百分比/%	100	37.1	39.4	23.5

接下来他们还约定了与权力相对应的职责和义务：

对应股权相应的责任约定为：A主要负责调料制作和烹制，需要C帮着打下手。在出资上，A、B、C达成了2∶5∶1的承诺。在运营上，A会偶尔帮着搭把手，B也会费点心来操作运营；C主要负责运营并且承诺一年以后自己提出的模式能初见成效，而且大概约定了一个营业额，如未达到目标，则酌情稀释相应部分股权。同时，C提出A也要保证自己的手艺确实能得到消费者的认可，可以招揽很多回头客才能兑现相应部分股权。

最后，他们细化了每个人的权益和责任，并提出了可考量的指标，以三个月、六个月和一年为期限，逐步兑现相应的股权。最终三个小伙伴在愉快而友好的氛围下完成股权和责任的分割。此后勠力同心，共同为事业挥洒汗水，数年后成了行业上赫赫有名的火锅三剑客。

案例启示：

可操作的分股流程如下：

（1）对贡献元素进行分类，如资金、运营、技术、资源等，然后根据团队的情况，确定每个类别的权重。

（2）所有成员梳理自己已做出的贡献和可能做出的贡献，列出并放入相应大类，然后给予每个贡献元素相应的权重比例。

（3）对照每个贡献元素小项，逐项给每个人打分（0～5分），建议把已经落实的贡献项目用蓝色标记，承诺可以做出的贡献项目用红色标记。

（4）加权统计每个人的股权。

（5）量化那些承诺要做出的贡献，约定期限来考察，起草并签订书面协议。

（6）在约定期到的时候检查承诺，并对股权进行微调，或分配、或进入期权池。

根据上述案例，创业团队的股权设计需要重点关注以下几个问题。

1. 有可信可靠的创业团队领导者

初创企业的股权架构设计核心是创业团队领导者的股权设计，如创业团队领导者不确定，初创企业股权就无法分配。初创企业一开始就应有清晰明确的创业团队领导者，或者通过在日常工作中磨合产生一位创业团队领导者。许多公司的股权战争，缘于创业团队领导者的不确定。

企业有清晰明确的团队领导者，并不代表领导专制。例如，苹果、华为、谷歌、小米等企业，都有清晰明确的团队领导者。当团队领导者不控股时，这些企业都通过AB股计划、事业合伙人制等确保团队领导者对企业的控制力。创业团队的决策机制可以通过民主协商，但意见有分歧时必须集中决策，一锤定音。

2. 股份杜绝平均分配和拖延分配

创业团队的股权分配绝对不能搞平均主义。很多时候，创始人不愿意谈论股权分配问题，这个话题不容易谈论，所以他们要么完全回避这个问题，要么只是说一些模棱两可的约定。创始人普遍会犯的错误是没有在第一天就把股份的分配问题谈清楚，并写下来。股权的分配等得越久，就越难谈。随着时间的推移，每个人都会觉得自己是项目成功必不可少的一员，关于股权分配的讨论就会变得越来越难以进行。因此，创业团队应尽早进行股权分配的讨论，并达成共识。

3. 股份绑定，分期兑现

创业团队仅达成股份比例的共识还不够。如果一个创始人拿了很多股份，但后来做事不给力怎么办呢？如果有人中途离开公司，股份如何处置呢？在美国，初创企业一般对创始股东的股票都有关于股权绑定的机制设置，公司股权按照创始人在公司工作的年数或月数逐步兑现。任何创始股东都必须在公司做够一年才可持有股份（包括创始人）。好的股份绑定计划一般按4～5年期执行，如4年期股份绑定，每年兑现25%。“股权绑定”可以有效避免合伙人之间可能出现的股份分配不公平情况。

4. 遵守契约精神

股权分配中最核心的原则是“契约精神”。对创业团队的所有成员而言，股权比例一旦确定，也就意味着利益分配机制的确定，除去后期的调整机制外，接下来工作的时候，每个人的努力和贡献其实和这个比例没有太大关系，在“契约精神”的约束下，尽自己的最大努力是对创业团队成员的基本要求。事实上，对于所有早期创业者而言，需要明晰一个道理：一旦创业成功，即使1%的股份也将获得优厚的回报；一旦创业失败，就是占有100%的股份也分文不值。

◎ 拓展阅读

如何有效地管理创业团队？[1]

1. 创业团队要有变通的能力

当实际商业模型和最初融资不完全一样时，守在当初不现实的理想模型中，初创企业可能会夭折。当理想的模型在实践中经受检验时，我们要能够敏锐地找到一条现实可行的道路，只有不断坚持，扩大战果，不断摸索和创新，才能成就大业。在这个过程中，创业团队要有变通的能力，应不断摸索和创新。

2. 危机往往是企业的催化剂

一是因为碰到危机，企业内部为了应对危机，需要将自己的潜力发挥到极致，使危机转化成为企业成长的动力。二是危机同时也消灭或削弱了许多同行和竞争者，使得一些具备优秀基因的企业在危机过后更加容易生长。危机是对投机与否的检验，只有认真执着的企业才能经历风雨，变得更加强大，而不是被泡沫淹没，或者被暴风雨摧毁。

3. 企业家精神和专业管理者要完美结合

创业者没有系统的管理经验和管理知识，要造就一个大企业很困难，而且风险很大。而专业管理者在创业初期优势不强，甚至会碍事。在当前的商业生态环境下，一个理想的企业家应该贯通中西：不仅要熟悉本土的商业逻辑和环境，还要深谙东方的历史文化和传统；不仅要懂得西方做生意的语言和规则，还要学会运用现代企业的高效管理手段和管理工具。

▼ 复习思考题

1. 什么人适合创业？
2. 创业动机产生的根源有哪些？
3. 如何寻找创业小伙伴？

---

[1] 季琦. 如何有效地管理创业团队？[EB/OL].（2017-12-13）[2021-11-12]. https://www.sohu.com/a/210284771_820761.

4. 说明创业团队的组建原则。

▼ 讨论性问题

1. 创业团队股权设计需要注意什么？
2. 你认为什么样的创业团队更容易创业成功？

▼ 实践性问题

请你关注身边的创业者和创业团队并分析：

1. 他们当初准备创业的动机有哪些？
2. 他们如何组建创业团队？
3. 他们有无创业团队的股权计划？如果有，请你详细了解该创业团队的股权计划。

第六章　认识与防控创业风险

◆ 本章学习目标

1. 了解创业风险的特点和分类。
2. 熟悉创业风险与创业机会、创业资源、创业团队的关系。
3. 掌握创业风险的防控手段和应对策略。

第一节　认识创业风险

一、创业风险概述

（一）创业风险的概念

创业风险，是指初创企业及创业团队在创业过程中会遇到各种意想不到的情况和各种困难，以及由此所产生的经营风险。

创业过程本来就是从零到一的过程，无论是创意阶段、创业筹备阶段、创业起步阶段，还是创业发展阶段，都有着或多或少的不确定性。因此，创业者只有全面了解创业风险、合理规避和管理创业风险，才能迈向创业成功之路。

（二）创业风险的特点

1. 客观性

创业本身就是一个识别风险和应对风险的过程，创业风险的产生是不以人的意志为转移的，所以创业风险具有客观性。

2. 不确定性

由于创业的影响因素具有不确定性，且这些因素是不断变化、不断发展的，甚至是难以预料的，造成了创业风险的不确定性。

3. 可变性

随着创业风险的影响因素的不断变化，创业风险的大小、性质和程度也会发生变化。

4. 可识别性

创业风险是可以被识别和区分的，而且还可以通过定性或定量的方法对其进行评估。

5. 相关性

创业风险与创业者的行为紧密相连。创业者面对创业风险时采取不同的对策，会产生不同的结果，这与创业者的能力和素质高度相关。

（三）创业风险的分类

依据创业风险的表现形式，创业风险可分为环境与政策风险、时机选择风险、商品市场风险、资源利用风险、技术风险、人力资源风险、管理与决策风险和财务管理风险。创业者只有充分识别各类创业风险，才能更好地防范、规避和应对创业风险。

1. 环境与政策风险

环境与政策风险，是指由于创业者及其创业活动所处的社会、政治、经济、法律和政策等环境发生变化或由于意外灾害导致创业者蒙受损失的风险。例如，由于国际关系变化、政权更迭、政策改变、宏观经济环境发生改变、法律法规的修改，或者创业相关事项得不到政策许可、合作者违反契约等因素给创业活动带来的风险。

环境与政策风险往往是创业者及其创业团队所不能左右和掌控的，主要是由创业活动的外部环境与外部合作方的不确定性造成的。对此，创业者应更多地关注企业的外部动向，培养敏锐的市场洞察力，做好相应的风险防范预案，规避环境与政策风险。

2. 时机选择风险

时机选择风险，是指创业者由于对机会判断失误或错过时机而强行启动创业活动所带来的风险。创业者创业难，发现和利用创业的机会更难。有人认为，创意的产生，归因于机缘巧合，所谓“无心插柳柳成荫”。有关专家认为，创意只是冰山一角，没有平日的用心耕耘，机缘也不会如此凑巧。因此，创业者只有先知先觉，提出有价值的主张，才能形成创意并推进为创业项目。

虽然大量的创业机会可以经由创业者系统的研究来发掘，但是，最好的创意还是来自创业者长期的观察、生活体验与深刻的感悟。如果创业者的创业经验不足，就会导致判断失误，给创业活动埋下风险的种子。

创业者能否感知到创业机会的存在，取决于他们能否有效地识别外部信息和对这些信息进行有选择性的过滤与组合，从而识别和把握创业机会。创业者在创业时如果缺乏前期市场调研和论证，只是凭自己的兴趣和想象来决定创业方向，甚至仅凭一时心血来潮就做出创业决定，很有可能会导致创业失败。

◎ 案例思考

不要把鸡蛋放在同一个篮子里

RealNames公司成立于1996年，曾拿到超过1亿美元的风险投资，并于2000年向国际互联网技术和标准组织递交了第一份关于“关键字”寻址技术的国际标准，成为全球最大的“关键字”寻址服务提供商。2000年3月，因看好“关键字”技术，微软与RealNames公司签订了为期2年的合同，获得其20%的股权（初始价值约为8 000万美元）和1 500万美元现金。RealNames公司的总裁、CEO蒂尔称，RealNames公司还承诺在合同期另外支付2 500万美元，让IE浏览器提供关键字服务。

2002年3月28日，微软与RealNames公司的合同到期，微软对RealNames公司发出最后警告，称将终止合同，并只给RealNames公司3个月的期限处理善后事宜。5月7日，微软决定结束与RealNames公司的合作，不再允许RealNames公司在IE浏览器上启动关键字服务系统，并将于6月28日关闭RealNames公司的服务；5月14日，这家国际著名的关键字服务提供商正式宣布倒闭。

▼ 思考讨论

1. RealNames公司的创业时机是什么？
2. 你是怎样看待这家国际著名的关键字服务提供商从头到尾只选择微软这个唯一的合作伙伴？
3. 从RealNames公司的创业失败到现今社会关键字搜索的大行其道，你是怎么看待创业时机的？

3. 商品市场风险

商品市场风险，是指市场情况的不确定性导致创业者或初创企业遭受损失或失败的可能性。商品市场供给和需求的变化、市场接受创业者提供的产品或服务的时间不确定、市场价格的变化、市场战略的失误等原因都会给创业活动带来一定的商品市场风险。例如，微波炉上市之初，不少消费者担心微波炉可能有辐射危害，厂家和商家不得不通过媒体反复向消费者宣传微波炉不会影响消费者的健康，只会为其生活带来便利。一些消费者也现身说法，这才打消了这部分消费者的恐惧和困惑。由此可见，创业者很难准确判断市场是否会在某个时段接受自己推出的某一产品或某种服务，创业者对未来市场实际需求情况与其早期预期的差异必须持一种谨慎的态度。

◎ 案例思考

半个世纪的等待

美国的贝尔实验室在20世纪50年代就研制出了可视电话，但过了20年，直到1970年，美国市场才初步接受商业化的可视电话，且主要用于政府、军事、公共事业等部门。2000年3月23日，贝尔实验室在北京成立了一个新的研究机构——贝尔实验室基础科学研究院，这是贝尔实验室有史以来第一次在美国本土之外建立研究院。在2003年“非典”期间，人们才感受到了它的实际价值，其后在一些领域得到小范围的商业化应用。

由此可见，从可视电话技术的发明到中国商业化市场的开拓，中间经历了整整半个世纪的时间。这就意味着，如果误判了市场接受创业者的某种新产品的具体时间，即使市场最终会接受它，提前进行的创业面临的风险也是极大的。

资料来源：佚名. 电话的发明者：贝尔[EB/OL].(2018-12-12)[2022-08-12].https://www.163.com/dy/article/E2QN1NMS053808NP.html.

4. 资源利用风险

资源利用风险，是指创业者在创业活动中所面临的发现资源、整合资源、开发资源和利用资源的不确定性。创业者的创业活动离不开内外部资源的支持，没有内外部资源的支撑，创业活动将难以为继。创业者不仅要拥有创业资源，还要使创业资源发挥作用，形成核心竞争力，推动企业的发展。创业资源包括支持企业关键业务的核心资源和与企业构成利益关联的合作网络资源。如果创业资源状况不能支持创业活动如期开展，那么很可能会造成企业的业务链或资金链断裂，从而延缓或终止创业进程。

在大多数情况下，创业者不一定也不可能拥有所需的全部资源，这就形成了资源缺口。如果创业者无法弥补相应的资源缺口，那么很可能会导致创业无法起步。企业创建、市场开拓、产品推介等工作都需要调动社会资源。因此，创业者在创业前可以先到相关企业工作一段时间，为自己日后的创业积累资源。

5. 技术风险

技术风险，是指技术方面及其变化的不确定性导致创业进程延误或创业失败的可能性。技术路径选择、技术研发、技术前景、技术寿命、技术效果、技术成果转化，以及关联技术等的不确定性都会给企业带来技术风险。

◎ 案例思考

时刻警惕市场变化

“五分钟”的创始人是大学生创业者，没有什么工作经验。因为开发了著名的“开心农场”“小小战争”游戏而被大家熟知，获得了A轮融资。2009年12月德丰杰投资350万美元，2010年7月CyberAgent联合JAIC中国投资，金额为50万～100万美元。

2011年4月，“五分钟”推出了首款HTML5游戏《邻邦战争》，而其第一款手机游戏《龟兔再跑》的用户数已突破20万。从表面来看，“五分钟”似乎在向手机游戏方向转型，同时也没有放弃网页游戏。其实，随着微博和其他社交网络的发展，开心网类型的社交网站在国内已经没有任何绝对优势。此外，手机游戏领域竞争要比网页游戏更激烈。

实力有限的“五分钟”犯下了战线过长的错误，没有集中资源专攻一路。很快，“五分钟”烧干A轮资金，转型似乎看到曙光而又仍然在黑暗中摸索。相比较而言，A轮融资可以谈些理念，B轮融资就现实得多。随着团队成员的不断流失，公司转型失败，2012年5月，“五分钟”承认B轮融资失败，并立即从当时办公的杨浦区创智天地退租。

资料来源：丁辰灵. 中国17家创业公司的失败史[EB/OL].（2016-01-06）[2022-02-05]. https://news.mydrivers.com/1/246/246819.htm.

6. 人力资源风险

人力资源风险，是指由于创业者、创业团队及其成员等对创业活动的开展产生不良影响或未能实现创业既定阶段目标而产生的风险。人力资源风险主要表现为创业者的素质和能力不高，创业团队成员专业技能水平不足，管理者用人不当，关键员工离职，缺乏人力资源等。在知识密集型产业中，人力资源至关重要；在劳动密集型产业中，人力资源更是举足轻重[1]。

同时，创业者、创业团队及其成员因思想意识差别而产生的风险，有强大的摧毁力。这是创业团队内在的风险。因此，创业者、创业团队及其成员应尽量避免产生投机、侥幸、尝试等风险性较大的心理。

7. 管理与决策风险

管理与决策风险，是指创业者及其创业团队在创业过程中因信息不对称、管理措施运用不当、决策失误、团队成员的消极情绪等影响创业项目正常推进，甚至是无法实现既定目标而产生的风险。管理与决策风险主要体现在企业管理者能力、管理规划、决策流程、团队执行能力、团队成员价值观、诚信与责任意识等方面欠缺，导致企业产生管理与决策风险。

启动创业活动的创业者主要包括两种：一是创业者可能是某项技术方面的专业人才，

[1] 王艳茹，王兵.创业基础课堂操作示范[M].北京：北京师范大学出版社，2014：150-151.

但不一定具备专业的管理才能，从而在创业过程中产生管理与决策的风险；二是创业者有新的创意，但由于管理能力欠缺，或不擅长管理具体的事务，这也会产生管理与决策风险。因此，创业者在创业之初应建立基本的团队议事规则，明确创业项目的近期目标和对该创业项目的有关决策的处理原则，如该创业项目何时可以停止，该创业项目在什么情况下可以吸纳合作伙伴，该创业项目在什么情况下可以动用多少资金等，以便防范管理与决策风险。

◎ 案例思考

柯达的陨落

柯达公司胶卷业务曾经被认为是赚钱的买卖，是跟印美钞一样的暴利生意。柯达彩色胶卷一盒的销售价格是16～22元，而生产成本才几毛钱，分摊掉研发成本和推广成本后，利润惊人。柯达公司每年依然有数万项技术专利规模，世界上鲜有企业可以与之相比。

但恰恰是这样一项技术发明者，它错误判断了“感光胶卷向数码”转变的速度，未及时进入数码相机领域。数年之间，人们就不用胶卷了，一个巨大的市场几乎烟消云散了，柯达公司也从天堂掉到了地狱——年亏损达到10亿美元。

柯达公司总裁曾说过：“我左脚踩在创新的油门之上，右脚踩在传统的刹车之上，我一会儿踩刹车，一会儿踩油门，我也不知道我该怎么办了。”这并不是柯达公司总裁一人面临的风险与困惑，诺基亚帝国的陨落也是如此。

当外部环境发生重大改变时，企业过去所谓的成功经验往往容易变成企业创新突破的“包袱”，如果不及时调整应对，很可能万劫不复。

资料来源：彭志强，刘捷，胥英杰.商业模式的力量[M].北京：机械工业出版社，2009.

8. 财务管理风险[1]

财务管理风险，是指创业者及其创业团队由于资金、资产经营管理失当而产生的风险。财务管理风险主要体现在创业所需要的资金预算、资金使用、成本控制、成本结构、营收管理、融资、现金流管理等方面存在不足，导致企业产生财务管理风险。财务管理风险中的资金风险会一直伴随在创业者的左右。企业创办之后，创业者应考虑是否有足够的资金支持企业的日常运作。对于初创企业来说，如果连续几个月入不敷出或者其他原因导致企业的现金流中断，都会给初创企业造成极大的威胁。相当多的企业会在创办初期因资金紧缺而严重影响业务的拓展，甚至错失商机，导致创业失败。另外，创业者如果没有多种融资渠道，创业计划就是一纸空谈。

[1] 王艳茹，王兵.创业基础课堂操作示范[M].北京：北京师范大学出版社，2014：167-168.

二、创业风险与创业机会的关系

创业过程始于创业机会，而不是始于资金、战略、渠道、团队或商业计划。当体育院校大学生开始创业时，机会比资金、团队的能力及所需的资源更重要。在快速发展和不断变化的市场中，创业者能够识别出创业机会并能把握创业机会，需要具有敏锐的洞察力、超凡的想象力和执行力。正所谓“机会总是留给有准备的人”。体育院校大学生在创业机会的识别和把握上，很容易出现偏差。体育院校大学生有些时候产生的创意不具有先进性与可行性，在此背景下启动创业，增加了创业的风险。

体育院校大学生创业者敏锐地识别创业机会、科学地评估创业机会、有效地把握创业机会是降低与规避创业风险的基础。对于体育院校大学生创业者而言，要提高分析能力、推理能力、判断能力、理财能力、管理能力、社交能力，养成观察生活细节的习惯，关注社会与行业发展趋势，学会借助外部资源的力量创建团队，这样有利于更好地识别和把握创业机会，降低因判断失误或盲目上马而导致的先天性创业风险。

三、创业风险与创业资源的关系

创业资源，是指初创企业在创造价值的过程中需要的除创业团队以外的各类生产要素的集合。这些生产要素可以是有形的，也可以是无形的。有形的生产要素包括场地、设备、专业人员、供应商、资金等，无形的生产要素包括品牌影响力、知识产权、管理模式、业务网络关系等。俗语讲，“巧妇难为无米之炊”，创业者发现了商机，几个小伙伴组成了创业团队，但是缺乏资金、找不到合适的员工、没有合适的办公场所、缺乏技术或合作伙伴等制约着创业项目的启动和发展。创业项目如果“万事俱备”才启动，那么创业者只会错失很多创业机会。因此，创业者及其创业团队需要在创业的过程中不断地挖掘资源、培育资源、开发资源、整合资源和管理利用资源，使资源成为创业活动的有力支撑，只有这样才能逐步走向创业的成功。

“兵马未动，粮草先行”“不打无准备之仗”，是对创业资源与创业风险关系的通俗说明。创业者要分析哪些是关键资源、哪些是创业的必要条件，如果在其不具备的情况下，盲目启动或推进创业项目，那么将面临资金链断裂或业务链崩溃的风险，最终导致创业失败。

四、创业风险与创业团队的关系

在蒂蒙斯创业过程模型的三要素中，创业机会是创业过程的核心驱动力，创业者及其创业团队是创业过程的主导者，创业资源是创业成功的必要保证。创业机会要靠创业者及其创业团队发现并把握，创业资源要靠创业者及其创业团队整合并利用，只有这样才能使其发挥作用。我们还需清醒地认识到，人的因素具有高度的不确定性。由于每个人生活的社会环境、家庭背景和人生目标不同，加之在创业过程中会遇到诸多困难，在这种情况下创业团队的凝聚力会面临严峻的考验；同时，创业团队还会面临需要高手加盟、团队重新整合的挑战。因此，在创业的过程中，创业团队成员需要拥有共同的价值观与理想追求，知识与技能要互补，需要相互信任并能够承担责任；需要拥有愿意为共同的创业目标而奋斗的精神。现代企业越来越重视团队的力量，一支优秀的创业团队能使初创企业迅速地发展起来。但是，一旦创业团队的核心成员之间在某些问题上产生分歧，很有可能对初创企业造成强烈的冲击。团队成员的变化，势必会影响团队对创业机会的把握和对创业资源的利用，进而增加创业风险。因此，初创企业只有加强团队的凝聚力，形成团队的主流价值观，并在此基础上选择合适的人才，才能降低创业风险。

第二节　防控创业风险

一、创业风险的防控手段

创业存在风险，特别是体育院校大学生创业者在创业资源和创业经验欠缺的情况下，在创业过程中面临创业风险是不可避免的。对于创业者来说，只有加强对创业风险的识别与防控，才能更好地推进创业项目。创业的过程就是创业者不断克服困难、迎接挑战的过程。

（一）外部风险的防控

外部风险，是指由某种企业外部因素引起的，创业者或初创企业本身控制不了或无法施加影响，并难以采取有效方法消除的风险，如竞争者风险、市场风险等。

寻找蓝海，即未知的市场空间是创业的良好开端，但并非所有的初创企业都能找到蓝海。更何况，蓝海也只是暂时的，所以，竞争是必然的。如何面对竞争是企业随时要考虑的问题，对初创企业来说更是如此。如果创业者选择的是一个竞争非常激烈的行业，那么在创业之初极有可能受到竞争者的强烈排挤。例如，一些大企业为了吞并或挤垮小企业，经常会采用低价销售的手段。对于大企业来说，由于其具有规模效益或实力雄厚，短时间的降价并不会对其造成致命的打击，而对初创企业来说可能会面临彻底毁灭的危险。因此，初创企业应做好充足的准备应对来自竞争者的残酷竞争。外部风险是创业者难以掌控的，创业者只能加强监测和预警，进而努力规避。创业者应从以下三个方面做好外部风险的防控。

1. 深入了解、科学分析

创业者应对自身所处的创业环境进行深入了解与科学分析。目前，我国全面实施积极的创业政策，如在自主创业税费减免、小额担保贷款、创业地落户以及场地、项目、技术、培训等方面，为包括体育院校大学生在内的创业者提供了政策优惠和鼓励，营造了更为宽松的创业环境。因此，体育院校大学生创业者应对创业环境形成正确的认识，对创业环境进行科学合理的评估，特别是对国家发展规划、政策导向、宏观经济环境、行业发展趋势、区域经济状况、技术发展与应用状况、社会问题等进行全面、系统的分析和判断，以求准确深入地剖析创业过程中可能遇到的外部风险。

2. 敏锐洞察、理性预测

任何事物都有其发展规律，任何事物的变化也会引发相关事物的变化，产生“蝴蝶效应”[1]。在创业过程中，创业者通过观察身边事物的变化可以预测一些外部风险。创业者应尽可能地运用所学的知识和掌握的资源，理性预测外部风险并进行深入分析，如通过和团队成员探讨、请教专家等来预测外部风险，评估外部风险对初创企业产生的影响，以便制定应对外部风险预案。

3. 镇定应对、合理防控

由于外部风险具有不可规避性，创业者通过对外部风险的分析和预测来制订合理的应对措施，当风险来临时能够镇定应对、合理防控，并实施风险预案，尽可能地降低外部风险对初创企业造成的不利影响。

（二）内部风险的防控

企业内部风险包括产品风险、营销风险、财务风险、人事风险、组织与管理风险等。体育院校大学生创业者在管理方面存在的问题包括决策随意、信息不通、理念不清、患得患失、用人不当、忽视创新、急功近利、盲目跟风和意志薄弱等。[2]体育院校大学生创业者知识结构单一，经验欠缺，资金实力和心理素质明显不足，容易产生内部风险，导致创业进程受阻或创业失败。体育院校大学生创业者可以从以下五个方面对内部风险加以防控。

1. 时机选择风险的防控

时机选择风险是一种潜在且先天的风险。如果体育院校大学生创业者认为创业时机已经成熟，且是实现人生阶段目标的最佳途径，刚好又存在一个商业机会的时间窗口，而且创业项目又和创业者的职业生涯规划相吻合，那么就可以选择创业；否则创业者就不要急

[1] 蝴蝶效应，是指在一个动力系统中，初始条件下微小的变化能带动整个系统的长期的巨大的连锁反应。

[2] 李家华，谢强.创业基础教学手册[M].北京：北京师范大学出版社，2013：82-83.

于创业，而是通过观察和学习掌握相关知识和技能，不断积累经验和资源，同时学会利用自己身边的资源创造机会，建立良好的人际关系，待时机成熟再选择创业。

2. 人力资源风险的防控

人力资源是创业活动中最重要的资源，由此产生的风险对初创企业来说往往也是致命的，应受到体育院校大学生创业者的高度重视。首先，体育院校大学生创业者应不断提高个人素质，使自己的知识和能力与创业项目需求和企业的发展相匹配；其次，体育院校大学生创业者通过沟通、协调、激励、奖惩、评价、目标管理等多种手段管理创业团队，并在创业团队发展的不同阶段制定相应的管理制度，科学合理地对团队成员进行绩效评价；最后，体育院校大学生创业者要招聘具有良好职业道德和团队合作意识、拥有与岗位技能要求相匹配的团队成员，通过不断提升团队成员的业务能力，加强团队的凝聚力，确定团队的核心价值观，来防范人力资源风险。

3. 技术风险的防控

技术创新可能会给体育院校大学生创业者带来丰厚的回报，但掌控不好也可能会制约创业进程，甚至使其颗粒无收。体育院校大学生创业者应通过采取加强自身能力建设或建立创新联盟等方式来避免产生技术风险。第一，体育院校大学生创业者应加强对技术创新方案与技术路径的可行性论证，减少技术开发与技术选择的盲目性，并通过建立灵敏的技术信息预警系统，及时预防技术风险；第二，体育院校大学生创业者应通过组建技术联合开发体或建立创新联盟等来分散技术创新的风险；第三，体育院校大学生创业者应通过提高初创企业技术系统的活力来降低技术风险；第四，体育院校大学生创业者应通过采用专利申请、技术标准申请等保护性措施，以及法律手段来降低技术风险。

4. 管理与决策风险的防控

体育院校大学生创业者通过建立管理与决策机制可以有效防范初创企业的管理与决策风险。其具体措施包括：第一，体育院校大学生创业者应努力提高企业核心成员的素质，使其树立责任意识、诚信意识和市场经济观念，建立管理与决策机制，针对企业发展需求，适时调整组织架构；第二，体育院校大学生创业者需明确企业的决策流程、管理机制、监督考核机制和信息反馈机制，合理放权，实现责、权、利统一，实行规范化管理。

5. 财务管理风险防控

初创企业的财务管理风险主要来源于筹资困难和资本结构不合理，体育院校大学生创业者有效规避财务管理风险应做到以下四点：第一，对创业所需资金进行合理预估，避免因筹资不足而影响初创企业的健康成长和后续发展；第二，建立初创企业的信用，扩大融资渠道；第三，在企业的长远发展和短期利益之间进行权衡，设置合理的财务结构，从合理的渠道获得资金；第四，管好初创企业的现金流，避免由于现金断流出现财务拮据甚至破产清算的局面。

◎ 案例思考

能拿投资，还得会管理

Mysee是国内最早进行P2P视频直播技术研发的公司，是集视频直播、点播、互动娱乐、无线等服务于一体的宽带视频娱乐服务平台。

2005年2月，高燃创立Mysee.com，蒋锡培投资100万元人民币。2006年年初，Mysee又获得北极光和赛伯乐等机构一共200万美元的投资。Mysee曾联合各大门户网站、电信运营商为国内外50余次的大型活动进行了网络直播。但Mysee烧钱的速度太快了，几十个人，每个月要烧掉100多万元人民币，仅办公室装修就花去100多万元人民币，还要花大量的资金购买视频内容。8个月时间，200万美元的投资款消耗殆尽。

资料来源：生意鹿. Mysee、博客中国的失败给互联网创业者带来的教训[EB/OL].（2016-09-18）[2021-10-20]. https://www.shengyilu.com/article/5826.html.

▼ 思考题：

1. Mysee在财务管理上出现哪些问题？
2. 企业应如何防控财务管理风险？

二、创业风险的应对策略

创业风险的应对策略包括风险识别、风险评估和风险应对三种[1]。

（一）风险识别

风险识别，是指创业者对创业过程中可能发生的风险进行认知和预判的过程。创业者要全面、客观地审视创业过程，从可能产生风险的原因入手，深入探究诱发风险的各类因素，尽力避免可能产生的各种风险，使企业顺利实现创业阶段目标和终极目标。创业者可以采用绘制创业流程图、制作风险清单、制定风险预案、集体研讨、市场调查、专家建议等方法进行风险识别。

[1] 李家华，谢强.创业基础教学手册[M].北京：北京师范大学出版社，2013：79-80.

创业初期，由于创业者及其创业团队在创业活动的各个环节存在诸多不成熟的因素，发生风险的概率较高。为此，创业者及其创业团队应在日常工作中强化对风险的识别意识，时刻保持对潜在风险的高度敏感性，做到在计划中体现、在汇总中关注、在总结中分析。

（二）风险评估

风险评估包括两类：一是对各种风险发生的可能性及发生之后的损失程度进行评估；二是对风险事件发生的可能性大小、可能的结果范围和危害程度、预期发生的时间等进行评估。

创业初期，创业者及其创业团队既要有直面创业风险的勇气，也要有理性应对创业风险的方法，这是对创业者智慧、能力和素质的磨砺与考验。通过风险评估，创业者可以做好应对风险的相关准备，当风险来临时创业者可以更理性地应对风险。

（三）风险应对

风险应对，是指创业者在风险评估的基础上，采取合理的方法和有效的策略来应对风险，以使企业获得安全保障的一种科学管理方法。

1. 风险应对方法

常用的风险应对方法包括风险避免、风险自留、风险预防、风险抑制和风险转嫁等。

（1）风险避免。

风险避免，是指创业者设法避免损失发生的可能性，而放弃或不进行可能带来损失的活动或工作。通常当某种特定风险所致企业损失的频率或者损失程度相当高时，或者创业者采用其他风险管理方法导致企业产生成本增加时，创业者会采用风险避免。因此，风险避免是一种消极的风险管理方法。

（2）风险自留。

风险自留，是指由创业者自我承担风险损失的一种方法。风险自留通常在企业损失频率和损失程度较低、短期内损失可以预测，以及最大损失不影响创业活动的正常进行时采用。

（3）风险预防。

风险预防，是指在损失发生前为消除或减少导致损失的各种风险因素而采取的具体措施，其目的是通过消除或减少风险因素，降低损失发生的概率。风险预防通常在企业遭受损失频率高或者损失程度低时采用。

（4）风险抑制。

风险抑制，是指在损失发生时或发生后企业为降低损失而采取的各种应对风险的措施。风险抑制通常在企业损失程度高且风险无法避免或转嫁时采用。例如，损失发生后的自救等。

（5）风险转嫁。

风险转嫁，是指创业者为避免承担风险造成的损失，有意识地将损失或与损失有关的财务后果转嫁给他人去承担的一种风险管理方法。风险转嫁的方式包括保险转嫁、转让转嫁和合同转嫁等。

2. 风险应对策略[1]

创业者需要针对风险评估的结果和具体的评估环境选择合适的风险应对方法，采取科学的风险应对策略。例如，企业对损失金额小的风险应采取风险自留的方式，而对出现频率高、损失金额大的风险应采用风险转嫁的方式等。风险应对策略矩阵见表6-1。

表6-1 风险应对策略矩阵

<table>
<tr><th>项目</th><th>高频率</th><th>低频率</th></tr>
<tr><td rowspan="3">高程度</td><td>风险避免</td><td rowspan="3">风险避免
风险抑制</td></tr>
<tr><td>风险抑制</td></tr>
<tr><td>风险转嫁</td></tr>
<tr><td rowspan="2">低程度</td><td>风险避免</td><td rowspan="2">风险自留</td></tr>
<tr><td>风险预防</td></tr>
</table>

▼ 复习思考题

1. 创业风险可以分为哪几类？
2. 创业风险与其他的创业元素之间的关系是什么？
3. 如何预防和防控创业风险？
4. 创业者应当如何应对创业风险？

▼ 讨论性问题

结合大学生和大学生创业团队的特点思考：体育院校大学生创业者应该怎样预判和防控创业风险？体育院校大学生创业者应当如何应对创业风险？

[1] 李家华，谢强.创业基础教学手册[M].北京：北京师范大学出版社，2013：79-80.

▼ 实践性问题

教师请学生走访身边1或2家初创企业，要求：

1. 了解该企业的创始人是否是连续创业者，这家企业是他的第几次创业？

2. 如果是连续创业者，那么在前面的几次创业经历中，创业者遇到了哪些问题（风险）？他是如何应对的？

3. 创业者从以往的创业经历中积累了哪些经验？

4. 在后来的企业经营中，企业的创始人（管理团队）是怎样预判、防控和应对风险的？

5. 学生将上述内容做成PPT，在班级进行分享。

6. 结合本章内容，与创业者进行充分的沟通，同时完成创业者创业风险访谈表（表6-2）的填写。

表6-2　创业者创业风险访谈表

风险分类	创业启动之初（问题如何解决）	运营发展阶段（问题如何解决）
环境和政策风险		
机会选择风险		
商品市场风险		
资源利用风险		
技术风险		
人力资源风险		
管理与决策风险		
财务管理风险		
其他困难与风险		
建议与感言		
访谈对象基本情况介绍		

第七章　创业实操

◆ 本章学习目标

1. 了解创业计划书的内容和撰写要求。
2. 熟悉新企业注册的流程和注意事项。
3. 掌握市场主体类型和新企业的管理与运营的技巧和策略。

第一节　创业计划书的撰写

一、创业计划书的内容

创业计划书又称商业计划书，是从想法到实施的方案，相当于可行性研究报告。创业计划书是创业者在创业前期对创业项目内容进行调查、分析、收集和梳理，并对创业活动的具体内容进行陈述的计划。

创业计划书的内容应尽可能地翔实，目的是为潜在投资者描绘一幅完整的企业发展蓝图，使他们全面了解初创企业，并能够帮助创业者加深对企业经营的思考。一般来说，一份完整的创业计划书主要包括封面和目录、执行概要、企业概况、产品或服务、商业构想与市场分析、选址、营销策略、法律形态、组织结构与创业团队及财务计划等内容，在整个创业过程中，上述内容不可或缺。

（一）封面和目录

一份优秀的创业计划书一般会有一个令人印象深刻的封面，封面的设计可以直接吸引潜在投资者的眼球。对于初创企业来说，创业计划书的封面应该体现产品或服务的特色与企业文化，如在封面上可以放一张企业项目或产品的彩图或企业的标志（Logo）等，以赢得潜在投资者的青睐。另外，封面上应该有基本的企业信息，包括标题（如××创业计划书）、企业名称、项目名称等内容。如果初创企业已经注册商标，也应该在封面上展示出来。封底可以放置企业的地址、联系电话、电子邮件地址、网址（如果企业有网站）等信息。封面后接目录页，须列出创业计划书和附录的组成部分及对应的页码。

（二）执行概要

执行概要是创业计划书中最能吸引潜在投资者的部分。执行概要并非创业计划书的引言，而是整个创业计划的高度凝练。需注意的是，执行概要是在写完创业计划书之后撰写的。如果创业者先写完执行概要，就可能会根据执行概要来撰写创业计划书，而不去详细思考创业计划书的各个独立部分。执行概要应该按照创业计划书中各部分的先后顺序来描述。在执行概要部分，初创企业应重点向潜在投资者传递以下五点信息。

（1）初创企业的理念是正确的，初创企业在产品、服务或技术等方面具有竞争者所没有的独特性。

（2）初创企业的商业机会是有科学依据的，发展战略是经过深思熟虑的。

（3）初创企业具备管理能力，创业团队有一个坚强有力的领导班子和执行队伍。

（4）创业者清楚地知道进入市场的最佳时机，知道如何进入市场，并且预料到什么时候退出市场。

（5）初创企业的财务分析是真实可靠的。

（三）企业概况

企业概况是对创业者拟建企业总体情况的介绍，主要内容包括企业的组织结构、业务性质、业务展望、投资比例结构与额度、供应商等。企业概况重点描述了企业未来的发展规划，并指出企业发展的关键阶段、企业生产所需原材料及必要的零部件供应商。企业概况主要是向潜在投资者展示创业者是如何将创意变成一家企业的。

当描述企业概况时，创业者要让潜在投资者了解企业的现状，即企业发展到何种程度。根据企业经历的重大事件，企业概况可分为以下几个阶段，即何时产生了创意、何时注册了企业名称、何时进行了可行性分析、何时制订的创业计划等阶段。此外，企业概况要真实地描述企业现有的商业资源，包括供应商、分销商、商业合作伙伴等。是否拥有或者是否在争取合作伙伴是潜在投资者关注的重点，因为一个创业项目所涉及的利益相关者越多，发展速度就会越快，风险越低，潜在投资者会更愿意进入。

（四）产品或服务

创业者在创业计划书中要说明产品或服务的名称、性能及用途，产品或服务的市场竞争、技术、功能和品牌优势，产品或服务的前景预测，产品或服务的技术与功能的变化，产品或服务的系列化，新产品或新服务计划，存在的风险与困难，产品或服务的技术开发情况等；同时，对产品或服务开发工作的进展情况及需要推进的其他工作进行简要说明。

在对创业项目进行评估时，潜在投资者最为关注的是初创企业的产品或服务的实用性，或者说初创企业的产品或服务能否帮助消费者节约开支、增加收入或节约资源。因此，创业者在对产品或服务进行介绍时通常要回答以下几个问题。

（1）消费者希望产品或服务能解决什么问题？消费者能从初创企业的产品或服务中获得什么好处？

（2）与竞争者相比，初创企业的产品或服务具有哪些优势？消费者为什么会选择该企业的产品或服务？

（3）初创企业对自己的产品或服务采取了哪些保护性措施？拥有哪些专利、许可证，或与拥有专利的人或厂家达成了哪些协议？

（4）为什么产品或服务定价可以为初创企业带来丰厚的利润？为什么消费者会大批量购买该企业的产品或服务？

（5）初创企业采用何种方式改进产品或服务性能？对发展新产品或新服务有哪些计划？

（6）该产品如何拥有稳定的用户群？初创企业该如何维护用户群？

潜在投资者对企业价值的评估首先是从企业的产品或服务开始的。在创业计划书中，创业者要向潜在投资者说明所有与企业的产品或服务有关的细节，包括企业对有关产品或服务进行的市场调查。

（五）商业构想与市场分析

1. 商业构想

商业构想，是指创业者对所进入的行业进行分析，包括行业规模、整个行业每年所产生的利润，如何使企业在行业中生存和发展。创业者在创业计划书中应分析该行业参与者的情况。例如，该行业中有哪些企业？它们是以什么为导向的？它们对环境的变化是如何反应的？同时，初创企业如何做好竞争准备，或者能否填补该行业的空缺。

此外，创业者还要分析该行业的发展趋势，包括环境趋势和业务趋势。环境趋势包括经济趋势、社会趋势、技术进步趋势、政治与法规变革趋势。业务趋势包括产业利润率的高低、投入成本的升降等趋势。在创业计划书中的行业分析的结尾部分，创业者应对行业发展前景进行简单陈述。

2. 市场分析

市场分析是创业计划书的重要内容。只有产品或服务有巨大市场，初创企业才会有发展前景，价值才能够不断提升。市场分析的内容包括以下三个方面。

（1）市场需求预测分析，包括产品或服务的需求程度、影响需求的因素、企业预计收益、新的市场规模、未来发展趋势及其状态等分析。

（2）市场竞争情况分析，包括企业所面临的竞争格局、主要竞争者、有利于本企业产品或服务的市场机会、市场预计占有率、本企业进入市场引起竞争者的预期反应及其影响等分析。

（3）市场现状分析，包括目标消费者与目标市场，本企业的市场地位、市场价格和特征等分析。

市场是企业潜在价值得以实现的舞台，没有市场，再好的产品或服务也无法实现其价值，再好的企业也无法提升其价值。在创业计划书中创业者要深入分析市场的潜力和目标市场的定位，要细致深入地分析职业、年龄及心理等因素对消费者选择、购买本企业的产品或服务的影响。

创业者要通过反复多次的市场调研来确定目标市场，并对目标市场进行细分。大多数成功的企业都是从细分目标市场开始做起的，只有这样企业才能实现专业化与品牌化。

创业者可以按照多维度划分市场，并逐步选出适合自身能力的特定市场。例如，蒂丝·瑟维罗（Tish Ciravolo）开创戴西摇滚女孩吉他公司（Daisy Rock Girl Guitars）之前，吉他行业从来没有按照性别进行细分。而戴西摇滚女孩吉他公司专门为女性制作吉他，其竞争优势在于生产符合女性身体曲线和特征的吉他产品。戴西摇滚女孩吉他公司的产品是进行了充分的市场调研的，如果没有或者很少有女性弹吉他，那么这一市场细分是没有任何意义的。

企业必须对市场进行准确的定位，这也是产品或服务能否在市场上生存的关键。创业者需要根据产品或服务的特性在细分市场中选择一个或几个目标市场，结合企业的目标、产品或服务、优势、劣势、竞争者的战略等因素说明为何选择这种目标市场，消费者为什么会购买该企业的产品或服务等。

创业者要结合市场调研报告进行市场分析，用数据说话，避免主观臆断。如果企业已经签署了一些订单或合同意向书，那么可以直接呈现给潜在投资者，因为这些材料会有力地证明企业的发展前景。

（六）选址

选址通常是指在创业计划书中创业者描述初创企业的位置。选址需要考虑的主要因素包括合适可用的劳动力、工资率、供应商、物流、消费者及社区支持、当地的税负和需求量、当地银行对初创企业的支持等。其他需考虑的因素包括供应商的数量和距离、有关装运材料交通的费用、需要的技术配置等。

（七）营销策略

营销策略主要包括总体营销策略和产品营销策略。

1. 总体营销策略

一般情况下，总体营销策略是一套系统的营销理念，而非具体策略。创业者在创业计划书中需要写出如何使产品或服务实现预期的目标。总体营销策略要求创业者厘清产品或服务进入目标市场、获取市场价值的思路：既要结合产品或服务的特点，找出进入市场的切入点，选择产品的“渗入”方向；又要结合市场分析，明确企业的定位，突出企业的特色。

2. 产品营销策略

产品是营销的第一要素。产品营销策略是通过产品或服务来满足消费者的需求并从中获利的营销策略，是整个营销策略的基础。产品营销策略主要包括以下几种。

（1）设计与产品定位相匹配的营销策略。

在产品或服务进入市场之前，创业者需要考察消费者能够接触到产品或服务信息的场所，选择最优的营销策略；同时要将产品或服务进行分类，增强产品或服务的吸引力，如在核心产品或服务层次，能为消费者提供哪些基本效用和利益；在稀缺产品或服务层次，能为消费者带来多大的额外价值和附加利益。创业者在明确了这些问题之后就要选择与之相匹配的营销策略。

（2）产品组合策略。

产品组合策略主要是创业者向潜在投资者说明企业将要经营的产品或服务类别，有多少产品或服务线，产品或服务线内有多少组产品或服务项目，各种产品或服务在功能、生产和销售方面的相互联系是否紧密，等等。创业者对产品组合策略的阐述既要让潜在投资者确信其能够满足不同消费者的需求，也要符合企业自身的经济实力。

（3）品牌策略。

品牌策略是指使产品或服务在消费者心中形成一种品牌文化的策略，如提到海底捞就会想到其优质的服务。因此，如何形成品牌文化是品牌策略的核心。

（4）产品开发策略。

产品开发策略就是开发新的产品或服务来维持和提高企业的市场占有率，要让潜在投资者相信，企业开发新产品或服务的实力。

（5）定价策略。

产品价格决定了企业能赚多少钱，产品价格也向目标市场传递着重要的信息，因此定价策略是企业重要的营销策略。例如，生产儿童教育类玩具的斯普瑞玩具公司，定位于向高消费家庭销售优质产品，如果斯普瑞玩具公司宣传其产品是高品质玩具，定价却很低，那么目标市场的消费者就会感到很疑惑。他们会想："这么低的定价，他们公司的玩具到底是不是高品质呢？"此外，低价格出售产品所获利润难以支撑斯普瑞玩具公司继续开发新产品所需的费用[1]。

（6）分销策略。

分销策略主要是向潜在投资者说明销售渠道的长度和宽度。关于销售渠道的长度要说明的是在产品和消费者之间经过多少环节，包括代理商、批发商，是零售还是直销，并结合初创企业、市场、产品的特征来说明做出这种选择的原因；关于销售渠道的宽度要说明的是企业的市场销售窗口到底有多大，销售点的分布是怎样的，以及为什么要这样做。

（7）促销策略。

创业者在创业计划书中要清楚地向潜在投资者说明向谁促销，是中间商还是消费者；另外，要说明根据产品的性质、产品生命周期及市场特征，需采取以下四种促销方式中的哪几种。四种促销方式：一是采取人员促销或者求助于营销机构进行促销；二是如果在产品推销、市场开拓、信息沟通、市场调研或者提供咨询服务方面采取的是非人员促销方式，那么是否要做广告，用什么方式做广告；三是是否要做营业推广，如何做营业推广；四是是否要通过新闻宣传、展览会或者公益活动进行公关促销。

（八）法律形态

创业者在创业计划书中要向潜在投资者说明创业项目是个人独资创业，还是合伙创业。如果选择合伙创业，那么初创企业的起始资本额分配等问题须纳入潜在投资者考虑的范围。初创企业选择哪种法律形态并没有一套可依循的准则，需要根据初创企业的运营情况加以判断。因此，创业者须了解各种法律形态的利弊，选择适合的经营模式，完成创业计划。创业者无论选择哪种法律形态，企业的经营模式都要依据企业的发展潜力做适当的调整。

[1] 巴林格，爱尔兰.创业管理：成功创建新企业：第3版[M].杨俊，薛红志，译.北京：机械工业出版社，2010：60.

（九）组织结构与创业团队

创业者在创业计划书中要向潜在投资者说明企业的组织结构、部门职责分工、薪酬体系、股东名单和董事会成员、员工绩效考核的方式及激励机制等内容。

科学精细的组织结构和人力资源管理设计，是潜在投资者关注的重点之一。企业管理的好坏，直接决定了企业经营风险的大小，而拥有高素质的管理人员和良好的组织结构是管理好企业的重要保证。一般而言，创业团队成员之间应该是互补型的，一个企业应同时拥有产品或服务设计与开发、市场营销、生产作业管理、企业理财等方面的专门人才。

另外，创业者应向潜在投资者详尽展示创业团队的战斗力，包括创业团队成员所具备的职业道德、能力和素质，以及团结合作的精神。创业团队成员应具备独当一面的能力，能够满足企业发展的需要。

（十）财务计划内容

1. 成本预测

一般来说，初创企业的成本分为固定成本和变动成本两类。其中，固定成本是指一定时期、一定业务范围内固定不变的成本，包括固定场所租金、保险费、折旧费等。变动成本是指随着生产或销售量的变动而变动的成本，包括原材料费、水电费、燃料费、销售费用等。创业者在预测成本时，可以先按类别划分并测算，然后相加求得总成本。

2. 现金流量管理计划

创业者在创业计划书中需向潜在投资者说明特定时期计划销售量和资本支出水平。现金流量管理计划将突出特定时期的额外融资数量，表明营运资金的最高需求；详细说明预期现金流的进出金额和时间；预测必需的额外融资和时间，指出营运资金需要的高峰期；指出如何通过股权融资或银行贷款等方式获得额外融资，以及获得的条件和偿还方法；讨论现金流对各种企业因素假设的敏感度。

3. 盈利情况预测

创业者在创业计划书中需向潜在投资者说明预测产品或服务的销售收入、成本费用及净利润，描述未来若干年预计利润表，表明为补偿所有成本应达到的销售和生产水平，包括变动成本和固定成本。

4. 资产负债表

创业者在创业计划书中需向潜在投资者提供初创企业的资产和负债等方面的估价，反映某一时期的初创企业状况。潜在投资者可以用资产负债表中的数据计算的指标，衡量初创企业的经营状况及可能的投资回报率。

二、创业计划书的撰写要求

（一）撰写创业计划书的基本原则

1. 力求准确

创业者在创业计划书中需向潜在投资者全面披露与初创企业有关的信息，无论是优势还是劣势都要讲到位，体现出与潜在投资者合作的诚意；隐瞒实情，过分乐观甚至夸大其词，往往会适得其反。潜在投资者往往会关注创业者现阶段面临的难题，以此为切入点来考察创业者及其创业团队解决问题的能力。这是考评创业者的重要指标。

2. 简明扼要

创业者在撰写创业计划书时要简明扼要，能够一句话表述清楚的就一个字也不要多加，最好开门见山，直切主题，让潜在投资者觉得阅读每一句话都是有意义的。许多创业者常常把创业计划书写得像一部企业管理大全，面面俱到，却忽视了应有的侧重点。所以，创业者要根据创业项目的发展阶段，结合想要达到获得投资的目的来突出“我有什么”“我做了什么”以及“我需要什么”，让潜在投资者一目了然。

3. 条理清晰

创业计划书看起来似乎是很高深、很复杂的文本，事实上，初创企业无论是高科技产业还是传统产业，潜在投资者真正关心的问题都是一样的：做的是什么产品，怎么赚钱，能赚多少钱；为什么具有商业机会；所需要的资源；把握这一机会的进程；风险和预期回报。在撰写创业计划书时，创业者须将上述问题解释清楚。

4. 强调可行性

创业计划书要明确创业者的能力及其身边的资源，分析创业者能够创造出的差异价值，真实地阐明产品或服务占领目标市场的可行性。创业计划书描绘的前景可能很动人，但是真正能够打动潜在投资者的，是要让他们确信这份创业计划书是可以实现的。要做到这一点，创业者需要在创业计划书完成前后进行反复的市场调研，通过调研消费者、竞争者、市场等，来进行财务分析，说明初创企业将获得的收益。

（二）撰写创业计划书的注意事项

1. 查漏补缺

如果创业计划书不完善、不缜密，潜在投资者会认为创业者没有做好充分的准备。创业者要通过反复阅读创业计划书来查漏补缺，要重点考虑创业计划书是否出现了“危险信号”。创业计划书中的“危险信号”如表7-1所示。

表7-1　创业计划书中的“危险信号”[1]

危险信号	解释
创始人没有出资	如果创始人没有出资，那么为什么别人应该投资
引注不明	创业计划书应该依据现实证据和周密调研，而不是臆测和想当然。所有一手资料和二手资料研究都要注明引用来源
市场规模界定过宽	市场规模界定过宽表明真正的目标市场还没找到。例如，初创企业若将每年市场规模达3.6万亿元的医药行业视为目标市场，那是毫无意义的。市场机会需要更精细地界定。显然，初创企业瞄准的是行业内的细分市场或某个特定市场
过于激进的财务数据	许多潜在投资者会直接翻阅创业计划书中的财务部分。推理不足或过于乐观的计划会失去可信度。与此相反，基于合理研究与判断的冷静陈述，能很快得到信任
随处可见的疏忽	让潜在投资者阅读不通顺的文稿、审看不平衡的资产负债表或面对随处可见的粗心失误，绝对不是一件好事。这些错误会被认为是不注重细节的表现，从而影响对创业者的信任

2. 不断调整

创业计划书不是一成不变的，创业者撰写创业计划书通常会伴随市场调研等情况而变化。尤其是创业初期，一个再好的创意也会有不足之处，潜在投资者与专家、创业团队成员的交谈会使创业者产生新的认识和想法，甚至会使产品或服务结构、目标市场、商业模式发生改变，这对创业者来说是不断调整创业计划书的非常重要的过程。

（三）撰写创业计划书的一般格式

撰写一份好的创业计划书要做到脉络清晰、逻辑严密、资料详尽、论述合理，并且能极大地体现创业者及其创业团队的能力和素质。

尽管各类创业计划书的结构和格式会有所不同，但它们都须遵循共同的规律。创业者要根据实际需要，选择合适的方法，撰写创业计划书。创业计划书撰写的顺序和具体内容如下。

生产型企业的创业计划书的特点是对产品技术与企业管理要有可行性和操作性的说明。一般来说，生产型企业比服务型企业的资本金额要大。服务型企业的创业计划书需要阐明可能涉及的部分产品的生产。至于创业计划书中的其他要素，无论是生产型企业还是服务型企业均要做出准确的描述。生产型企业创业计划书撰写的顺序和具体内容详见表7-2。服务型企业创业计划书撰写的顺序和具体内容详见表7-3。

[1]　巴林格，爱尔兰.创业管理：成功创建新企业：第3版[M].杨俊，薛红志，译.北京：机械工业出版社，2010：62.

表7-2　生产型企业创业计划书撰写的顺序和具体内容

撰写的顺序	具体内容	撰写的顺序	具体内容
一、前言	1. 企业名称和地址 2. 负责人的姓名及简介 3. 企业的性质 4. 对所需筹措资金的陈述 5. 报告机密性陈述	六、营销计划	1. 定价 2. 分销 3. 促销 4. 产品预测 5. 控制
二、执行概要	1. 预计执行时间 2. 执行地点 3. 执行团队 4. 执行项目	七、组织计划	1. 所有权的形式 2. 合伙人或主要股权所有者的身份 3. 创始人的权利 4. 创业团队的背景 5. 创业团队成员的角色和责任
三、行业分析	1. 对企业未来的展望和发展趋势 2. 竞争者分析 3. 市场划分 4. 行业预测	八、风险的估计	企业弱点的评价
四、初创企业的描述	1. 产品 2. 服务 3. 初创企业的规模 4. 办公设备及人员	九、财务计划	1. 利润表预测 2. 资产负债表预测 3. 现金流量表预测 4. 盈亏平衡分析 5. 成本费用的预测
五、生产计划	1. 制造过程 2. 厂房 3. 机器和设备 4. 原材料供应商情况 5. 新技术 6. 应急计划	十、附录 （必要补充材料）	1. 市场调查数据 2. 租约或合同 3. 供应商的报价单 4. 相关重要资料

表7-3　服务型企业创业计划书撰写的顺序和具体内容

撰写的顺序	具体内容	撰写的顺序	具体内容
一、执行概要	1. 企业概述 2. 市场机会和竞争优势 3. 产品或服务前景 4. 成本分析 5. 创业团队概述	四、市场调查和分析	1. 市场容量估算 2. 预计市场份额 3. 市场组织结构
二、企业背景描述	1. 国内外发展历史及现状 2. 企业所处的环境及创立背景 3. 初创企业经营业务及内容 4. 初创企业设立程序及其日程表 5. 预计资本金	五、企业战略	1. SWOT分析报告 2. 企业的总体战略 3. 企业的发展战略
三、产品或服务介绍	1. 产品或服务描述 2. 产品或服务优势	六、营销策略	1. 目标市场 2. 产品或服务 3. 价格的确定 4. 分销渠道 5. 权力和公共关系 6. 政策

续表

撰写的顺序	具体内容	撰写的顺序	具体内容
七、产品制作管理	1. 工作流程图及生产工艺 2. 生产设备及要求 3. 质量管理措施及方法 4. 未来三年的预计会计报表及附表 5. 财务数据分析	十一、机遇与风险	1. 机遇分析 2. 外部风险分析 3. 内部风险分析 4. 解决方案和应对措施
八、管理体系	1. 企业性质及组织形式 2. 部门职能 3. 管理理念及企业文化 4. 团队成员任职及责任	十二、风险资本的退出	1. 撤出方式 2. 撤出时间
九、投资分析	1. 股本结构与规模 2. 资金来源与运用 3. 投资收益与风险分析 4. 可以引入的其他资本	十三、附录（必要补充材料）	
十、财务分析	财务预算的编制依据分析		

（四）创业计划书的撰写技巧

一份好的创业计划书往往能够引起潜在投资者的高度重视。如果创业者撰写的创业计划书语言流畅、有准确的调查数据支撑，那么潜在投资者就会很欣赏创业者的能力。

为了使创业计划书能够脱颖而出，并获得潜在投资者的青睐，创业者在撰写创业计划书时还应做到以下几点。

1. 力求简洁清晰

创业者对初创企业的介绍务必做到内容简洁、结构清晰。实践证明，创业计划书的篇幅内容（不包含附录）以不超过50页为宜。

2. 捕捉潜在投资者的兴趣点

想要在五分钟内激发潜在投资者的兴趣，让潜在投资者眼前一亮，创业者就要在执行概要上下功夫，努力把它们撰写好。

3. 让计划充满憧憬

创业者在撰写创业计划书时，要善于使用鼓舞人心的词汇来描述企业的发展前景，说明产品或服务所蕴含的巨大市场潜力和即将给企业带来的利润情况。

4. 避免言过其实

创业者在撰写创业计划书时对销售潜力、收入预测估算、增长潜力的描述都不要过分夸大。好的创业计划书是以其客观性说服潜在投资者的。如果一份创业计划书写得像一则煽情广告，那么会大大降低创业计划的可信度。创业者应在创业计划书中将最好的、最有可能的方案都体现出来，避免言过其实。许多潜在投资者常使用“计划折扣系数”来衡量初创企业的各类情况，即“成功的初创企业通常只能达到他们计划财务目标的大约50%”[1]。

5. 突出关键风险因素

创业计划书中涉及的关键因素风险是潜在投资者最敏感、最关注的内容。在创业计划书中，创业者既要陈述危机管理能力，也要让潜在投资者察觉到这些潜在的风险；同时让其了解这些潜在风险对创业者及其创业团队来讲是可以驾驭的。

6. 发送优秀创业团队的信号

创业者在撰写创业计划书的管理部分时，一定要让潜在投资者接收到创业团队具有较强的管理能力和资源整合能力的信号，这是潜在投资者希望看到的信息。

7. 准确描述目标市场

创业者在撰写目标市场评估分析报告时，应将如何区分目标市场的情况描述清楚，因为目标市场是企业利润的来源，是创业者能否将营销计划、财务计划表达清楚的关键。

8. 不断检查修正

创业者撰写一份好的创业计划书的秘诀在于不断地进行修改，很少有人能够一气呵成。在修改创业计划书的过程中，创业者应广泛征求意见，以增强创业计划书的可读性和规范性。创业计划书中的常见缺陷及解决方法，如表7-4所示。

表7-4 创业计划书中的常见缺陷及解决方法[2]

常见缺陷	表现	解决方法
无实际发展目标	缺乏可达到的目标 缺乏完成的时间表 缺乏优先权 缺乏具体行动步骤	建立在特殊时期完成特殊步骤的时间表
未预计到的障碍	没有清醒识别将来可能遇到的问题 没有重视计划中可能出现的瑕疵 没有应急或变通计划	列出可能遇到的障碍 变通计划，阐明克服障碍需要做哪些事情
无投入或贡献	对企业要办的事过分拖延，不严肃 没有投入个人资金的意愿 不及时聘任关键职位人员 从非主业或奇思异想中获利	快速行动 准备并愿意投入资金 保证所有关键职位人员任命

（五）创业计划书的展示

创业者向潜在投资者口头介绍创业计划时，一般要准备好PPT，而且内容要以会议规定的陈述时间为限。创业者除了掌握一般演讲的通用技巧和原则，还应掌握创业计划演讲的具体内容和制作PPT的一些技巧。具体如下。

[1] 库洛特克，霍志茨.创业学：理论、流程与实践[M].张宗益，译.北京：清华大学出版社，2006：275-310.

[2] 库洛特克，霍志茨.创业学：理论、流程与实践[M].张宗益，译.北京：清华大学出版社，2006：270-271.

（1）企业介绍。创业者用PPT向潜在投资者说明初创企业概况和目标市场。

（2）商机。创业者用PPT向潜在投资者陈述现有企业尚未解决的问题和未满足的要求。

（3）解决方式。创业者用PPT向潜在投资者介绍初创企业将如何解决问题或满足不同消费者的需求。

（4）行业、目标市场和竞争者。创业者用PPT向潜在投资者介绍初创企业即将进入的产业、目标市场及直接和间接的竞争者，重点陈述初创企业如何在目标市场中与现有企业展开竞争，并获得丰厚的利润。

（5）创业团队。创业者用PPT向潜在投资者介绍创业团队成员之间的互补优势。

（6）企业盈利前景。创业者用PPT向潜在投资者简要陈述初创企业可能遇到的财务问题，如初创企业何时盈利、需要多少启动资金等问题。

（7）企业现状。创业者用PPT向潜在投资者介绍初创企业现状，如初创企业的投资情况等。

一般来说，口头陈述只需使用十几张PPT来展示创业计划书的核心内容。若PPT页数过多，想要在30分钟内陈述完所有内容，则会产生走马观花的效果[1]。

◎ 案例思考

××公司创业计划书框架[2]

一、××公司创业计划书目录

1. 前言
2. 创业投资项目公司基本资料
3. 公司组织
4. 股权结构
5. 业务内容
6. 技术与生产
7. 财务预测
8. 投资报酬率分析
9. 风险分析与投资管理

附表一：公司成立后拟设的组织系统图

附表二：未来5年产品销售收入预测表

附表三：主要产品及质检流程表

[1] 巴林格，爱尔兰.创业管理：成功创建新企业[M].张玉利，王伟毅，杨俊，译.北京：机械工业出版社，2006：212.

[2] 樊一阳，叶春明，吴满琳.大学生创业学导论[M].上海：上海财经大学出版社，2005：334-337.

附表四：员工人数、职工工资一览表

附表五：未来12个月现金流量表

附表六：未来5年按年度的现金流量表

附表七：未来5年损益表

附表八：未来5年资产负债表

二、××公司创业计划书正文

1 前言

1.1 创业公司简介

主要内容包括：公司经营项目、技术来源等，创业团队介绍及所占股权比例。

1.2 资金需求与股金预计用途

主要内容包括：筹备期间费用、技术转让费用、土地及重要固定资产、设备、周转金。

1.3 投资条件

主要内容包括：投资金额、股款缴纳时间，多少董事、监事席位，非现金出资股东，如技术作价、专利作价、资产作价。

1.4 投资者投资报酬率预测

主要内容包括：回收期间、未来各年投资报酬率，各年净值内部报酬率，以年利率计算的各年度净现值，投资者退出年度股价预测并算出退出时的内部报酬率等相关信息和数据。

1.5 其他值得介绍的项目

主要内容包括：重大采购或销售合约、损益平衡点、营销手段、产品与市场。

1.6 风险所在

主要内容包括：技术开发风险、产品开发风险、市场变化的风险、集中于创业团队的管理风险。

2 创业投资项目基本资料

2.1 创设新公司的缘起

2.2 创设新公司的营业内容

2.3 预计资本额

2.4 设立公司的各项手续及其日程表

2.5 联络人及地址

3 公司组织

3.1 筹备组织

3.2 公司设立后的组织系统图

3.3 创始人资料

4 股权结构（此部分草拟时资料较少，在引资过程中会逐渐充实）

4.1 技术、资产、专利等作价的安排

4.2 现金股股东的权利义务

4.3 董事会、监事会人员的安排

5　业务内容

5.1 产业市场分析

5.1.1 国内市场现状及其增长率预测

5.1.2 世界市场现状及其增长率预测

5.1.3 特殊地区目标市场及其增长率预测

5.2 行业的竞争状况

5.2.1 国内竞争厂商概况

5.2.2 世界竞争厂商概况

5.2.3 特殊地区目标市场竞争厂商概况

5.3 营销策略介绍

主要内容包括：营销手段与定价策略、重要销售契约的签署。

5.4 未来5年的产品销售收入预测表（包括各项假设）

5.5 为拓展业务的营业预算

主要内容包括：参加国内外展览费用、样品费用、媒体广告预算等。

6　技术与生产

6.1 关键技术说明与来源

主要内容包括：重大技术合作契约，如自行开发时研究开发经费预算。

6.2 生产与制造

6.2.1 主要产品及产制流程

主要内容包括：进料质量管制流程表、生产流程及质检流程表。

6.2.2 主要产品原料来源及其成本

6.2.3 工厂员工人数、学（经）历要求、工资水准一览表

6.2.4 厂房设备

主要内容包括：预计工厂设置地区、土地与厂房面积、主要机器设备、工厂最大生产能力，以及上述购建经费预算一览表。

7　财务预算

7.1 未来12个月按月份预测的现金流量表（包括假设条件）

7.2 未来5年按年度预测的现金流量表（包括假设条件）

7.3 资金需求汇总

7.4 未来5年预测损益表（包括假设条件）

7.5 未来5年预测资产负债表（包括假设条件）

7.6 敏感性分析

8　投资报酬率分析

8.1 依据7.4计算投资回收期间

8.2 依据7.4计算各年度预测投资报酬率及净值报酬率

8.3 依据7.4以年利率计算未来5年净现值（按各年度分别累计，两行并列）

9　风险分析与投资管理

9.1 技术开发风险，对6.1关键技术开发风险进行分析

9.2 产品开发风险，对6.2生产与制造开发风险进行分析

9.3 市场风险，对5.4有关销售收入各项假设条件进行分析

9.4 投资管理，拟请投资者参与的程度

▼ 小测试

1. 执行概要为什么很重要？
2. 创业计划书的主要内容包括哪些？

第二节　如何开办新企业

一、新企业的开办

创业者开办并且成功运营一家企业，首先要遵守法律、行政法规；其次要遵守社会公德、商业道德；最后要承担社会责任，做一个守法履责的公民；同时，创业者还要了解一些开办新企业的基本常识。

（一）企业组织形式

企业组织形式，是指企业存在的形态和类型。现代企业的组织形式通常有三类：个人独资企业、合伙企业和公司制企业。

1. 个人独资企业

个人独资企业，是指依照《中华人民共和国个人独资企业法》在中国境内设立，由一个自然人投资，财产为投资人个人所有，投资人以其个人财产对企业债务承担无限责任的经营实体。

设立个人独资企业应当具备下列条件：投资人为一个自然人，有合法的企业名称，有投资人申报的出资，有固定的生产经营场所和必要的生产经营条件，有必要的从业人员。

2. 合伙企业

合伙企业，是指自然人、法人和其他组织依照《中华人民共和国合伙企业法》（以下简称《合伙企业法》）在中国境内设立的普通合伙企业和有限合伙企业。普通合伙企业由普通合伙人组成，合伙人对合伙企业债务承担无限连带责任。《合伙企业法》对普通合伙人承担责任的形式有特别规定的，从其规定。有限合伙企业由普通合伙人和有限合伙人组成，普通合伙人对合伙企业债务承担无限连带责任，有限合伙人以其认缴的出资额为限对合伙企业债务承担责任。《合伙企业法》第三条规定：“国有独资公司、国有企业、上市公司以及公益性的事业单位、社会团体不得成为普通合伙人。”

设立合伙企业，应当具备以下条件：有二个以上合伙人，合伙人为自然人的，应当具有完全民事行为能力；有书面合伙协议；有合伙人认缴或者实际缴付的出资；有合伙企业的名称和生产经营场所；法律、行政法规规定的其他条件。

3. 公司制企业

公司是指依照《公司法》在中国境内设立的有限责任公司和股份有限公司。公司是企业法人，有独立的法人财产，享有法人财产权。公司以其全部财产对公司的债务承担责任。有限责任公司，是指由一定人数的股东组成的、股东以其认缴的出资额为限对公司承担责任，公司只以其全部资产对公司债务承担责任的公司。一人有限责任公司，是指只有一个自然人股东或者一个法人股东的有限责任公司。一个自然人只能投资设立一个一人有限责任公司。该一人有限责任公司不能投资设立新的一人有限责任公司。股份有限公司，是指由一定人数以上的股东组成，公司全部资本分为等额股份，股东以其所认购股份为限对公司承担责任，公司以其全部资产对公司债务承担责任的公司。

设立有限责任公司，应当具备下列条件：股东符合法定人数；有符合公司章程规定的全体股东认缴的出资额；股东共同制定公司章程；有公司名称，建立符合有限责任公司要求的组织机构；有公司住所。

设立股份有限公司，应当具备下列条件：发起人符合法定人数；有符合公司章程规定的全体发起人认购的股本总额或者募集的实收股本总额；股份发行、筹办事项符合法律规定；发起人制订公司章程，采用募集方式设立的经创立大会通过；有公司名称，建立符合股份有限公司要求的组织机构；有公司住所。

4. 不同企业组织形式的比较

个人独资企业、合伙企业和公司制企业各有优缺点，创业者应事先予以了解，以便根据实际情况选择最合适的企业组织形式。个人独资企业的投资者需要就企业债务承担无限责任，合伙企业的普通合伙人需要就企业债务承担无限连带责任，公司制企业的投资者则只需要承担有限责任。但是，个人独资企业和合伙企业的投资者只需按照《中华人民共和国个人所得税法》的规定就其在生产经营中的所得缴纳个人所得税，公司制企业的投资者除了要按照《中华人民共和国企业所得税法》的规定就公司的生产经营所得缴纳企业所得税，还需要就其分得的利润缴纳个人所得税。

◎ 案例思考

做一个现代农民老板

杨万里，是温州科技职业学院2008级食品检测专业的毕业生，温州金标润园艺有限公司董事长。

2016年4月，他将经营了两年的绿庭农林盆景店，升格成了温州金标润园艺有限公司，并成功入驻大学科技园孵化器。

当温州科技职业学院推出由第二批专业导师带队的创业项目时，杨万里成了绿庭农林盆景店的负责人，主要培植无土种植水果蔬菜和花卉。“刚创业时，大家兴致都很高，省吃俭用，再加上家里资助一点，每人凑齐了3 000元用来引种买材料。白天上课，晚上就窝在创业园，研究无土栽培的品种，萝卜、草莓、番茄，甚至白菜都拿来试过，还真把书上的知识，变成了手中的产品。”杨万里说，“记得当时为了把产品推销出去，四个合伙人拿着盆栽土豆和盆栽白菜在新桥镇上摆起了地摊。当这些既能观赏，又能食用的盆栽蔬菜出现时，引来很多人驻足观看，但一听到一棵白菜需要80元时，他们扭头就走。”

第一次的市场推销一分钱没赚到，团队的两名成员灰心了，退出了团队。杨万里并未就此停下创业的脚步，他将目光转向了水培花卉。

“有技术，就有好产品；有好产品，就有市场。”杨万里一头埋进了图书馆和试验场，龟背竹、发财树、芦荟、仙人球、君子兰，甚至是红豆杉，一个个原先土培的花卉被驯化成了水培植物。

“水培植物因其更具观赏性，颇受白领阶层喜欢，因此市场的需求空间还是很大的，但目前市场上很多假水培，直接将土培植物挖出泥土放到水里，这种植物的成活率就很低，但是，经我们驯化成功的水培植物，在质量上绝对有保证。”杨万里说，“而且我们还针对发财树不好过冬的习性，推出了特别服务：买过发财树的消费者会留下特别记录，等到天气转凉时，我们会送上耐寒的水培植物替换，将发财树接回恒温的大棚培育，待到春天来临时，再将发财树物归原主。如此细心的服务，让绿庭口碑迅速建立，迎来了不少回头客。”2015年，偏居科职院创业园一隅的绿庭盆景店就做到18万元的营业额。

“现在我还只能算是踏上了创业的半步，今后能不能成功，还是个未知数，但我很明白，我想要朝着创业这个方向去努力！”杨万里说。

资料来源：佚名.三个大学生的创业故事[EB/OL].（2016-05-04）[2022-07-12]. http://chuangye.cyol.com/content/2016-05/04/content_12513222.htm.

▼ 小测试

1. 现代企业的组织形式通常分为哪几类？
2. 合伙企业的具体种类有哪些？
3. 不同的企业组织形式有哪些优缺点？

（二）大学生自主创业的市场主体类型

大学生自主创业可以采用的市场主体类型包括个体工商户、个人独资企业、合伙企业、农民专业合作社和有限责任公司等。大学生创业者创办不同类型的市场主体，需要准备的材料及办理流程详见广西壮族自治区人民政府门户网站。

◎ 拓展阅读

《中华人民共和国市场主体登记管理条例》（节选）

第二条　本条例所称市场主体，是指在中华人民共和国境内以营利为目的的从事经营活动的下列自然人、法人及非法人组织：

（一）公司、非公司企业法人及其分支机构；

（二）个人独资企业、合伙企业及其分支机构；

（三）农民专业合作社（联合社）及其分支机构；

（四）个体工商户；

（五）外国公司分支机构；

（六）法律、行政法规规定的其他市场主体。

第三条　市场主体应当依照本条例办理登记。未经登记，不得以市场主体名义从事经营活动。法律、行政法规规定无需办理登记的除外。

市场主体登记包括设立登记、变更登记和注销登记。

第六条　国务院市场监督管理部门应当加强信息化建设，制定统一的市场主体登记数据和系统建设规范。

县级以上地方人民政府承担市场主体登记工作的部门（以下称登记机关）应当优化市场主体登记办理流程，提高市场主体登记效率，推行当场办结、一次办结、限时办结等制度，实现集中办理、就近办理、网上办理、异地可办，提升市场主体登记便利化程度。

第八条　市场主体的一般登记事项包括：

（一）名称；

（二）主体类型；

（三）经营范围；

（四）住所或者主要经营场所；

（五）注册资本或者出资额；

（六）法定代表人、执行事务合伙人或者负责人姓名。

除前款规定外，还应当根据市场主体类型登记下列事项：

（一）有限责任公司股东、股份有限公司发起人、非公司企业法人出资人的姓名或者名称；

（二）个人独资企业的投资人姓名及居所；

（三）合伙企业的合伙人名称或者姓名、住所、承担责任方式；

（四）个体工商户的经营者姓名、住所、经营场所；

（五）法律、行政法规规定的其他事项。

第九条　市场主体的下列事项应当向登记机关办理备案：

（一）章程或者合伙协议；

（二）经营期限或者合伙期限；

（三）有限责任公司股东或者股份有限公司发起人认缴的出资数额，合伙企业合伙人认缴或者实际缴付的出资数额、缴付期限和出资方式；

（四）公司董事、监事、高级管理人员；

（五）农民专业合作社（联合社）成员；

（六）参加经营的个体工商户家庭成员姓名；

（七）市场主体登记联络员、外商投资企业法律文件送达接受人；

（八）公司、合伙企业等市场主体受益所有人相关信息；

（九）法律、行政法规规定的其他事项。

第十条　市场主体只能登记一个名称，经登记的市场主体名称受法律保护。

市场主体名称由申请人依法自主申报。

第十一条　市场主体只能登记一个住所或者主要经营场所。

电子商务平台内的自然人经营者可以根据国家有关规定，将电子商务平台提供的网络经营场所作为经营场所。

省、自治区、直辖市人民政府可以根据有关法律、行政法规的规定和本地区实际情况，自行或者授权下级人民政府对住所或者主要经营场所作出更加便利市场主体从事经营活动的具体规定。

第十二条　有下列情形之一的，不得担任公司、非公司企业法人的法定代表人：

（一）无民事行为能力或者限制民事行为能力；

（二）因贪污、贿赂、侵占财产、挪用财产或者破坏社会主义市场经济秩序被判处刑罚，执行期满未逾5年，或者因犯罪被剥夺政治权利，执行期满未逾5年；

（三）担任破产清算的公司、非公司企业法人的法定代表人、董事或者厂长、经理，对破产负有个人责任的，自破产清算完结之日起未逾3年；

（四）担任因违法被吊销营业执照、责令关闭的公司、非公司企业法人的法定代表人，并负有个人责任的，自被吊销营业执照之日起未逾3年；

（五）个人所负数额较大的债务到期未清偿；

（六）法律、行政法规规定的其他情形。

第十三条　除法律、行政法规或者国务院决定另有规定外，市场主体的注册资本或者出资额实行认缴登记制，以人民币表示。

出资方式应当符合法律、行政法规的规定。公司股东、非公司企业法人出资人、农民专业合作社（联合社）成员不得以劳务、信用、自然人姓名、商誉、特许经营权或者设定担保的财产等作价出资。

第十四条　市场主体的经营范围包括一般经营项目和许可经营项目。经营范围中属于在登记前依法须经批准的许可经营项目，市场主体应当在申请登记时提交有关批准文件。

市场主体应当按照登记机关公布的经营项目分类标准办理经营范围登记。

第十五条　市场主体实行实名登记。申请人应当配合登记机关核验身份信息。

第十六条　申请办理市场主体登记，应当提交下列材料：

（一）申请书；

（二）申请人资格文件、自然人身份证明；

（三）住所或者主要经营场所相关文件；

（四）公司、非公司企业法人、农民专业合作社（联合社）章程或者合伙企业合伙协议；

（五）法律、行政法规和国务院市场监督管理部门规定提交的其他材料。

国务院市场监督管理部门应当根据市场主体类型分别制定登记材料清单和文书格式样本，通过政府网站、登记机关服务窗口等向社会公开。

登记机关能够通过政务信息共享平台获取的市场主体登记相关信息，不得要求申请人重复提供。

第十七条　申请人应当对提交材料的真实性、合法性和有效性负责。

第十八条　申请人可以委托其他自然人或者中介机构代其办理市场主体登记。受委托的自然人或者中介机构代为办理登记事宜应当遵守有关规定，不得提供虚假信息和材料。

第二十三条　市场主体设立分支机构，应当向分支机构所在地的登记机关申请登记。

第二十四条　市场主体变更登记事项，应当自作出变更决议、决定或者法定变更事项发生之日起30日内向登记机关申请变更登记。

市场主体变更登记事项属于依法须经批准的，申请人应当在批准文件有效期内向登记机关申请变更登记。

第二十五条　公司、非公司企业法人的法定代表人在任职期间发生本条例第十二条所列情形之一的，应当向登记机关申请变更登记。

第二十六条　市场主体变更经营范围，属于依法须经批准的项目的，应当自批准之日起30日内申请变更登记。许可证或者批准文件被吊销、撤销或者有效期届满的，应当自许可证或者批准文件被吊销、撤销或者有效期届满之日起30日内向登记机关申请变更登记或者办理注销登记。

第二十七条　市场主体变更住所或者主要经营场所跨登记机关辖区的，应当在迁入新的住所或者主要经营场所前，向迁入地登记机关申请变更登记。迁出地登记机关无正当理由不得拒绝移交市场主体档案等相关材料。

第二十八条　市场主体变更登记涉及营业执照记载事项的，登记机关应当及时为市场主体换发营业执照。

第二十九条　市场主体变更本条例第九条规定的备案事项的，应当自作出变更决议、决定或者法定变更事项发生之日起30日内向登记机关办理备案。农民专业合作社（联合社）成员发生变更的，应当自本会计年度终了之日起90日内向登记机关办理备案。

第三十一条　市场主体因解散、被宣告破产或者其他法定事由需要终止的，应当依法向登记机关申请注销登记。经登记机关注销登记，市场主体终止。

市场主体注销依法须经批准的，应当经批准后向登记机关申请注销登记。

第三十二条　市场主体注销登记前依法应当清算的，清算组应当自成立之日起10日内将清算组成员、清算组负责人名单通过国家企业信用信息公示系统公告。清算组可以通过国家企业信用信息公示系统发布债权人公告。

清算组应当自清算结束之日起30日内向登记机关申请注销登记。市场主体申请注销登记前，应当依法办理分支机构注销登记。

第三十三条　市场主体未发生债权债务或者已将债权债务清偿完结，未发生或者已结清清偿费用、职工工资、社会保险费用、法定补偿金、应缴纳税款（滞纳金、罚款），并由全体投资人书面承诺对上述情况的真实性承担法律责任的，可以按照简易程序办理注销登记。

市场主体应当将承诺书及注销登记申请通过国家企业信用信息公示系统公示，公示期为20日。在公示期内无相关部门、债权人及其他利害关系人提出异议的，市场主体可以于公示期届满之日起20日内向登记机关申请注销登记。

个体工商户按照简易程序办理注销登记的，无需公示，由登记机关将个体工商户的注销登记申请推送至税务等有关部门，有关部门在10日内没有提出异议的，可以直接办理注销登记。

市场主体注销依法须经批准的，或者市场主体被吊销营业执照、责令关闭、撤销，或者被列入经营异常名录的，不适用简易注销程序。

第三十五条　市场主体应当按照国家有关规定公示年度报告和登记相关信息。

第三十六条　市场主体应当将营业执照置于住所或者主要经营场所的醒目位置。从事电子商务经营的市场主体应当在其首页显著位置持续公示营业执照信息或者相关链接标识。

第四十三条　未经设立登记从事经营活动的，由登记机关责令改正，没收违法所得；拒不改正的，处1万元以上10万元以下的罚款；情节严重的，依法责令关闭停业，并处10万元以上50万元以下的罚款。

第四十四条　提交虚假材料或者采取其他欺诈手段隐瞒重要事实取得市场主体登记的，由登记机关责令改正，没收违法所得，并处5万元以上20万元以下的罚款；情节严重的，处20万元以上100万元以下的罚款，吊销营业执照。

第四十五条　实行注册资本实缴登记制的市场主体虚报注册资本取得市场主体登记的，由登记机关责令改正，处虚报注册资本金额5%以上15%以下的罚款；情节严重的，吊销营业执照。

实行注册资本实缴登记制的市场主体的发起人、股东虚假出资，未交付或者未按期交付作为出资的货币或者非货币财产的，或者在市场主体成立后抽逃出资的，由登记机关责令改正，处虚假出资金额5%以上15%以下的罚款。

第四十六条　市场主体未依照本条例办理变更登记的，由登记机关责令改正；拒不改正的，处1万元以上10万元以下的罚款；情节严重的，吊销营业执照。

第四十七条　市场主体未依照本条例办理备案的，由登记机关责令改正；拒不改正的，处5万元以下的罚款。

第四十八条　市场主体未依照本条例将营业执照置于住所或者主要经营场所醒目位置的，由登记机关责令改正；拒不改正的，处3万元以下的罚款。

从事电子商务经营的市场主体未在其首页显著位置持续公示营业执照信息或者相关链接标识的，由登记机关依照《中华人民共和国电子商务法》处罚。

市场主体伪造、涂改、出租、出借、转让营业执照的，由登记机关没收违法所得，处10万元以下的罚款；情节严重的，处10万元以上50万元以下的罚款，吊销营业执照。

第五十五条　本条例自2022年3月1日起施行。《中华人民共和国公司登记管理条例》《中华人民共和国企业法人登记管理条例》《中华人民共和国合伙企业登记管理办法》《农民专业合作社登记管理条例》《企业法人法定代表人登记管理规定》同时废止。

▼ 小测试

大学生自主创业可以采用哪些市场主体类型？

（三）新企业注册流程及注意事项

1. 注册流程

根据法律规定，新企业开办之初需要在工商行政管理部门核准登记，获得正式颁发的营业执照以及有关部门的经营许可，取得合法身份。为此，新企业在注册过程中需要进行名称核准、前置审批、编写注册文件、确定企业住所、刻章和开立银行账户。新企业注册流程，如图7-1所示。

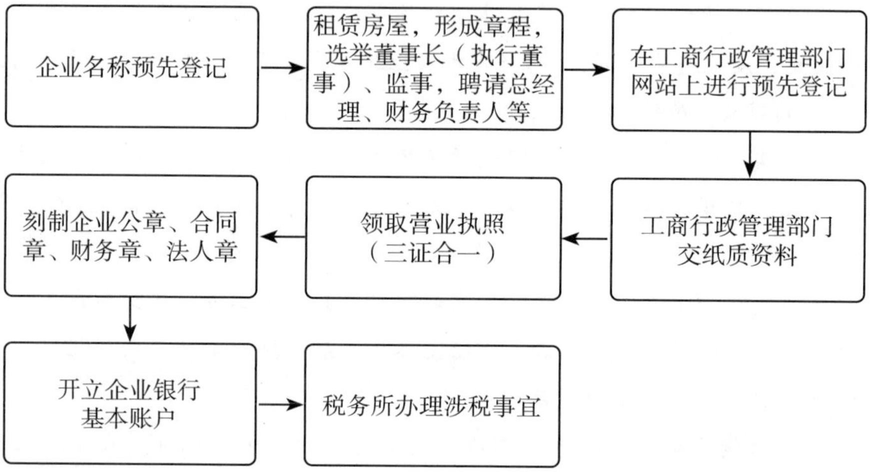

图7-1　新企业注册流程

从2015年10月1日起，全国范围内开始全面实行“三证合一”的登记制度。“三证合一”的登记制度是指将企业登记时依次申请的，分别由工商行政管理部门核发的营业执照、质量技术监督部门核发的组织机构代码证、税务部门核发的税务登记证，改为一次申请，由工商行政管理部门核发一个加载统一社会信用代码的营业执照，即“一照一码”营业执照。这样大大简化了新企业的注册流程。《国务院办公厅关于加快推进“五证合一、一照一码”登记制度改革的通知》（国办发〔2016〕53号）指出，从2016年10月1日起正式实施“五证合一、一照一码”，在更大范围、更深层次实现信息共享和业务协同，巩固和扩大“三证合一”登记制度改革成果，进一步为企业开办和成长提供便利化服务，降低创业准入的制度性成本，优化营商环境，激发企业活力，推进大众创业、万众创新，促进就业增加和经济社会持续健康发展。

2. 注意事项

下面就新企业注册流程中需要注意的事项进行说明。

（1）新企业名称的规定。

新企业名称由行政区划、字号、行业、组织形式依次组成，如广西南宁××运动健身有限公司。

合伙企业名称中应当标明“普通合伙”字样，并符合国家有关企业名称登记管理的规定。

（2）前置审批事项。

有些企业在办理营业执照前还须先取得特定部门办理的许可证，办理前置审批事宜。尽管自2014年以来，国务院分三批审议决定将一些工商登记前置审批事项调整或明确为后置审批，但仍有一些企业须办理前置审批事项。例如，设立烟草专卖批发企业须事先拿到国家烟草专卖局或省级烟草专卖行政主管部门核发的许可证；经营快递业务的企业，在申领营业执照前须先得到国家邮政局或省级邮政管理机构颁发的经营许可证等。关于前置审批的相关规定可参照《工商总局关于严格落实先照后证改革严格执行工商登记前置审批事项的通知》（工商企注字〔2015〕65号）。

（3）编写相关的注册文件。

在企业名称核准之后，申请人还应当按照企业登记法律、行政法规和国家工商行政管理部门的规定提交有关材料，如合伙协议、公司章程等。

①合伙协议的编写。合伙协议依法由全体合伙人协商一致、以书面形式订立。订立合伙协议、设立合伙企业，应当遵循自愿、平等、公平、诚实信用原则。

合伙协议应当载明下列事项：合伙企业的名称和主要经营场所的地点，合伙目的和合伙经营范围，合伙人的姓名或者名称、住所，合伙人的出资方式、数额和缴付期限，利润分配、亏损分担方式，合伙事务的执行，入伙与退伙，争议解决办法，合伙企业的解散与清算，违约责任。

合伙协议经全体合伙人签名、盖章后生效。合伙人按照合伙协议享有权利，履行义务。修改或者补充合伙协议，应当经全体合伙人一致同意；但是，合伙协议另有约定的除外。合伙协议未约定或者约定不明确的事项，由合伙人协商决定；协商不成的，依照本法和其他有关法律、行政法规的规定处理。

有限合伙企业的合伙协议，除以上内容外，还应当载明下列事项：普通合伙人和有限合伙人的姓名或者名称、住所，执行事务合伙人应具备的条件和选择程序，执行事务合伙人权限与违约处理办法，执行事务合伙人的除名条件和更换程序，有限合伙人入伙、退伙的条件、程序以及相关责任，有限合伙人和普通合伙人相互转变程序。有限合伙人可以用货币、实物、知识产权、土地使用权或者其他财产权利作价出资。有限合伙人不得以劳务出资。

②公司章程的编写。有限责任公司章程应载明下列事项：公司名称和住所，公司经营范围，公司注册资本，股东的姓名或者名称，股东的出资方式、出资额和出资时间，公司的机构及其产生办法、职权、议事规则，公司法定代表人，股东会会议认为需要规定的其他事项。股东应当在公司章程上签名、盖章。

一人有限责任公司应当在公司登记中注明自然人独资或者法人独资，并在公司营业执照中载明。一人有限责任公司章程由股东制定。

股份有限公司章程应载明下列事项：公司名称和住所，公司经营范围，公司设立方式，公司股份总数、每股金额和注册资本，发起人的姓名或者名称、认购的股份数、出资方式和出资时间，董事会的组成、职权和议事规则，公司法定代表人，监事会的组成、职权和议事规则，公司利润分配办法，公司的解散事由与清算办法，公司的通知和公告办法，股东大会会议认为需要规定的其他事项。

（4）确定企业住所。

新企业要开展生产经营活动，必须拥有固定的经营场所。这个活动场所在法律上称为住所或经营场所。公司的住所是公司主要办事机构所在地。经公司登记机关登记的公司的住所只能有一个。公司的住所应当在其公司登记机关辖区内。经营场所是市场主体从事经营活动的场所，是执照登记的备案事项。在通常情况下，企业的住所和经营场所是在同一地址。

《国务院关于印发注册资本登记制度改革方案的通知》（国发〔2014〕7号）中指出，简化住所（经营场所）登记手续。申请人提交场所合法使用证明即可予以登记。2015年4月21日，国务院总理李克强主持召开国务院常务会议，确定放宽新注册企业场所登记条件限制，推动“一址多照”、集群注册等改革。鼓励地方盘活闲置厂房等提供低成本的创业场所。

（5）刻章。

公司用章包括公章、合同章、财务章、法人章等。需要说明的是，企业的印章、企业牌匾、企业银行账户、企业信笺所使用的名称应与新企业在工商行政管理部门登记注册的名称相一致。

（6）开立账户。

新企业须设立基本账户，新企业可根据自己的具体情况选择开户银行。银行开户应提供的材料包括公司的营业执照正本，公章、法人章、财务章、法人身份证等。

◎ 拓展阅读

《企业信息公示暂行条例》（节选）

第八条　企业应当于每年1月1日至6月30日，通过企业信用信息公示系统向工商行政管理部门报送上一年度年度报告，并向社会公示。

当年设立登记的企业，自下一年起报送并公示年度报告。

第九条　企业年度报告内容包括：

(一)企业通信地址、邮政编码、联系电话、电子邮箱等信息；

(二)企业开业、歇业、清算等存续状态信息；

(三)企业投资设立企业、购买股权信息；

(四)企业为有限责任公司或者股份有限公司的，其股东或者发起人认缴和实缴的出资额、出资时间、出资方式等信息；

(五)有限责任公司股东股权转让等股权变更信息；

(六)企业网站以及从事网络经营的网店的名称、网址等信息；

(七)企业从业人数、资产总额、负债总额、对外提供保证担保、所有者权益合计、营业总收入、主营业务收入、利润总额、净利润、纳税总额信息。

前款第一项至第六项规定的信息应当向社会公示，第七项规定的信息由企业选择是否向社会公示。

经企业同意，公民、法人或者其他组织可以查询企业选择不公示的信息。

第十条　企业应当自下列信息形成之日起20个工作日内通过企业信用信息公示系统向社会公示：

(一)有限责任公司股东或者股份有限公司发起人认缴和实缴的出资额、出资时间、出资方式等信息；

(二)有限责任公司股东股权转让等股权变更信息；

(三)行政许可取得、变更、延续信息；

(四)知识产权出质登记信息；

(五)受到行政处罚的信息；

(六)其他依法应当公示的信息。

工商行政管理部门发现企业未依照前款规定履行公示义务的，应当责令其限期履行。

▼ 小测试

如何确定企业的名称？

（四）新企业涉及的法律与伦理问题

1. 新企业涉及的法律问题

新企业无论在注册成立阶段还是在后续的经营过程中，均须遵循相关的法律法规，合法经营。

（1）创业阶段涉及的法律问题。

创业阶段涉及的法律问题包括企业法律形式的选择、会计和税收事务、知识产权保护、合同相关法律等。

新企业注册完成之后要按照法律规定办理相应的会计和税收事务。因此，创业者需要了解《中华人民共和国会计法》《小企业会计准则》等法律法规，自行建立会计制度、进行会计核算，也可以委托记账公司等专业机构办理会计事务。新企业还需要建立健全税收记录，依法纳税；也可以委托外部专门的记账公司或会计公司代理纳税业务。

新企业应按照《中华人民共和国商标法》《中华人民共和国专利法》《中华人民共和国著作权法》的规定，保护好企业的知识产权，尊重他人的知识产权。

新企业创办阶段如果涉及融资租赁业务或者借款业务，还需遵循《中华人民共和国民法典》等的规定，保护企业的合法权益。

（2）经营阶段涉及的法律问题。

新企业经营阶段涉及的法律问题包括人力资源管理、安全、质量、财务会计、市场竞争、知识产权等。新企业不同阶段涉及的法律问题如表7-5所示。企业各部门中典型的知识产权形式如表7-6所示。[1]

表7-5　新企业不同阶段涉及的法律问题

创业阶段涉及的法律问题	经营阶段涉及的法律问题
确定企业的法律形式	人力资源管理
设立税收记录	安全
进行租赁和融资谈判	质量
起草合同	财务和会计
申请专利、商标和版权保护	市场竞争
	知识产权

[1]　李家华.创业基础：第2版[M].北京：清华大学出版社，2015：219.

表7-6　企业各部门中典型的知识产权形式

部门	典型的知识产权形式	保护方法
营销部门	名称、标语、标识、广告语、广告、手册、非正式出版物、未完成的广告拷贝、消费者名单、潜在消费者名单及类似信息	商标、版权和商业秘密
管理部门	招聘手册、员工手册、招聘人员在选择和聘用候选人时使用的表格和清单、书面的培训材料和企业的时事通信	版权和商业秘密
财务部门	各类描述企业财务绩效的合同、PPT，解释企业如何管理财务的书面材料，员工薪酬记录	版权和商业秘密
管理信息系统	网站设计、互联网域名、公司特有的计算机设备和软件的培训手册、计算机源代码、电子邮件名单	版权、商业秘密和注册互联网域名
研究开发部门	新的和有用的发明及商业流程、现有发明和流程的改进、记录发明日期和不同项目进展计划的实验室备忘录	专利和商业秘密

2. 新企业涉及的伦理问题

新企业在创办过程中，还涉及伦理问题，主要包括创业者与原雇主之间、创业者和团队成员之间及新企业和利益相关者之间的伦理关系。

（1）创业者和原雇主之间的伦理关系。

如果是辞职出来创业，创业者需要处理好与原雇主之间的伦理关系，遵守保密协议的规定，最好不选择在完全相同的业务上和原雇主竞争。另外，新企业应具有独特的竞争优势，以填补市场空缺，更好地满足消费者的需求。例如，段永平离开中山霸王电子工业公司之后并没有继续做游戏机，而是创办了步步高电子有限公司，生产无绳电话、VCD、教育电子产品等，取得了很好的经济效益。

（2）创业者和团队成员之间的伦理关系。

如果是团队创业，创业者还应该处理好与其他团队成员之间的伦理关系，通过建立合理的股权结构、制定科学的激励机制，使创业团队能够团结一心，共同将创业活动进行到底。例如，从某创业项目的股本结构来看[1]，初始的股权设计就未充分考虑创业团队之间的伦理关系，原因有两点：一是创业团队的股权比例较低，技术和资金投入只占整体的30%，风险投资却占整体的65%；二是股权结构中未阐明各个创始人之间股权比例的分配，既不利于调动团队成员的积极性，也难以对团队成员起到激励作用。

（3）新企业和利益相关者之间的伦理关系。

新企业在和利益相关者合作时，需要坚持互利共赢的原则。为此，创业者就要做到及时、足额偿还相应款项，保证供应商和债权人的利益；生产高质量的产品，满足消费者的需

[1]　公司注册资本800万元，××科技股份有限公司技术及资金入股占总股本的35%，其余65%的注册资金希望能引进一家或几家风险投资公司参股。

求；尽可能地为所在社区做一些力所能及的事情，如提供合适的就业岗位、保持环境清洁等；为团队成员提供良好的工作条件和合适的劳动报酬；做守法的公民，按时纳税、合法经营等。

（五）新企业的社会认同

新企业成立之初，需要取得包括消费者、供应商和投资者等在内的利益相关者对其产品或服务、商业模式，乃至企业组织自身的理解和认识，即获得社会认同。因此，新企业想要获得社会认同需做到以下三点。

1. 建立合理的规章制度

新企业能否创业成功，不仅取决于创业者对创业机会的把握，还取决于创业活动是否遵守现有的规章制度。因此，创业者制定合理的规章制度可以帮助企业获得利益相关者、一般公众和社会的认可。

2. 遵循相应的道德法则

为了使新企业健康发展，创业者应遵循相应的道德法则。例如，创业者应雇佣最合适的人员，建立相应的管理和考核标准，严格遵守道德法则；并将自己融入企业之中，与雇员关系融洽。

3. 承担必要的社会责任

创业者须制定并实施体现企业社会责任的竞争策略，把社会责任融入企业文化建设中，并付诸实践。创业者在决策时应考虑到环境和社会因素，愿意承担相应的社会责任。新企业获得良好的社会认同是其可持续发展的保障，更有利于其为社会经济的可持续发展做出贡献。

◎ 案例思考

徐州“90后”大学生卖米线创业成功后不忘回馈社会

2013年，21岁的刘大白从北京理工大学毕业后，曾在徐州一家商贸公司上班。后来，一心想创业的她辞掉工作，以大学生创业的名义，在徐州淮海文化科技产业园、大学生创业园申请了两间免费办公室，并注册了徐州中正电子科技有限公司。

一年来，她所拥有的两个微信公众号粉丝量均突破了7万。粉丝多了，广告收入也多了，仅此一项，她每月的收入就在2万元以上。经过艰苦创业，她赚取了人生的第一桶金。成功所带来的喜悦并没有让刘大白感到满足，她开始筹划新的创业项目。几个月后，她和一个拥有调制米线秘方的朋友合伙，在云龙山北门东50米路南侧，开了家名叫云香的米线店。

她的米线店除销售卤鸡爪、鸡翅、牛肉外，还有徐州人爱吃的把子肉，再加上米线店装修风格新颖、服务热情、干净卫生等吸引了大量食客。一传十，十传百……都说她家的米线好吃。

现如今，刘大白在徐州米线行业内已小有名气，不少人想加盟，但都被她婉言拒绝，因为她想将这个机会留给那些想要创业的大学生。“现在，有的大学生创业时，也将目标‘锁’在餐饮这个行业上，但由于加盟费太高，只好打消了这个念头。”刘大白说，凡是打算开米线店的大学生，只要主动找上门来，她都会对其进行技术指导，且不收取任何费用。除此之外，为了扶持贫困大学生创业，她还设置了“大学生创业基金”，以此来资助贫困大学生创业。为了解决资金问题，她每销售一碗米线，将拿出2元钱存入“大学生创业基金”。经过几个月的积攒，基金里已有了3万多元的积蓄。“凡是符合条件的大学生，均可向我公司提出申请。审核通过后，以现金形式发放。整个过程公开、透明，并邀请社会各界知名人士监督。”刘大白说。

她的上述做法招来了不少闲言碎语，有人说她傻，还有人说她想图个啥。她倒不这样认为，她觉得自己之所以能够成功，离不开政府和社会各界的帮助。她说：“当初我陷入困境的时候，若得不到帮助，很难渡过难关。现在条件好了，理所当然回馈社会，我心无旁骛。”

刘大白创业成功后不忘回馈社会，说明她怀有一颗感恩之心，值得学习。同时，她的创业故事，能够给其他大学生创业者带来一定的启发，用感恩之心坚持走成功之路。

资料来源：张硕.徐州“90后”大学生卖米线创业成功后不忘回馈社会[EB/OL].（2016-05-04）[2022-06-16]. http://chuangye.cyol.com/content/2016-05/04/content_12513221.htm.

▼ 思考讨论

1. 刘大白的米线店是如何吸引大量消费者的?
2. 刘大白的企业在获得社会认同方面做了哪些工作?
3. 本案例对你有何启示?

▼ 小测试

1. 创办新企业涉及哪些法律问题?
2. 创办新企业涉及哪些伦理问题?
3. 新企业获得社会认同的作用是什么?
4. 新企业获得社会认同的方法有哪些?

二、新企业的管理与运营

新企业创办之后，往往会有一段时间不盈利，这段时间称为营运前期，即实现盈亏平衡之前的时期。这个时期的企业也称为新企业。此时新企业存在较高的风险，创业者需将重点放在新企业的管理方面。

（一）新企业管理的特殊性

新企业创办初期往往以生存管理为基础，以销售目标为导向，以经营积累为主要资金来源，以群体管理为基本特征，采用以“人治”为主的管理模式。

1. 以生存管理为基础

新企业创办是一个从无到有的过程，在这个过程中，新企业随时会面临破产清算的风险。因此，新企业的一切活动都会围绕生存运作，任何危及新企业生存的做法都应该避免。新企业应尽量做到以收抵支、及时偿债，即以产品或服务销售取得的现金抵补日常的经营支出，并且及时偿还到期债务。

2. 以销售目标为导向

新企业要在市场上立足，就需要尽快得到消费者的认可，将提供的产品或服务销售出去。因此，创办初期，新企业经常以销售为导向，以产品或服务销售为首要目标，以扩大市场占有率为核心。为此，新企业的多数员工都要出去销售产品或服务，通过各种人际关系及宣传来吸引消费者，以赚取第一桶金，为新企业未来的发展打下坚实的基础。

3. 以经营积累为主要资金来源

创办初期，新企业因较高的不确定性而带来的高风险和缺乏相应可抵押资产的状况，使得新企业从外界取得债权资金比较困难；另外，新企业的估值与既有企业相比难度较大，缺乏可资参考的经营信息和投资报酬率，外部的股权融资也难以取得。因此，新企业只能依靠自身创造现金流，靠产品或服务的销售产生现金流入；对于有获利的新企业，往往不会进行利润分配，而是将大部分利润留存下来作为经营资金的补充。

4. 以群体管理为基本特征

创办初期，新企业的创业团队虽然有内部分工，但因新企业事务繁多，使得创业团队成员的工作难以严格按照分工执行，经常身兼数职。新企业在分工的基础上更强调合作，更多依靠团队成员的热情和团队合作来完成任务。为此，创业者应充分了解团队成员之间在知识、信息、资源和能力等方面的互补性，结合各自擅长的领域对其进行相应分工，充分发挥每名成员的优势，增强团队成员的合作意识。

5. 采用以“人治”为主的管理模式

创办初期，创业者会深入企业的每个角落，参与企业运行的每个环节。例如，创业者会亲自与供应商谈判，亲自到车间里追踪用户的紧急订单，亲自向消费者推销产品或服务，亲自装车、送货，亲自跑银行、办理税务事宜，亲自制订工作计划和激励方案，亲自策划新产品的销售策略等。只有这样，创业者才会对新企业的经营状况和经营过程有全方位的了解，才能在业务上更加精通。此时，创业者的人格魅力是激发团队成员的主动性和创造性的利器，使新企业管理呈现以“人治”为主的管理模式。因此，创业者应不断强化自身的业务能力、领导魅力和管理能力，尽早与创业团队达成共识，建立合理的沟通机制和协调机制，为新企业的可持续发展打下良好的基础。

▼ 小测试

1. 新企业管理为什么要以生存管理为基础、以销售目标为导向？
2. 新企业管理为何以群体管理为基本特征、采用以“人治”为主的管理模式？
3. 新企业创办初期可否大量从外部借款？为什么？

（二）新企业管理的技巧和策略

创业者了解新企业管理的技巧和策略，有利于新企业在激烈竞争的环境中得以生存，并且实现快速成长。一般来说，新企业的管理技巧和策略包括以下六点。

1. 注重整合资源

新企业的成长需要资源的支持，资源的来源渠道可以分为内部和外部。由于新企业内部资源有限，单纯依靠其内部的资源积累，往往会抑制其发展，影响其成长，使其处于不利的竞争地位。因此，创业者应充分挖掘和利用外部资源，并将资源进行整合，保持企业的快速成长。

按照企业之间整合资源的方式不同，资源整合可分为三种形式：纵向整合、横向整合和平台式整合。

（1）纵向整合。

纵向整合，是指整个产业链在上下游之间进行的整合，致力于整合产业价值链资源，以便创造更大的价值。例如，大学生创办的高科技企业，一开始可能会通过代工方式完成相应产品的生产，创业团队只负责研发、销售和售后服务。但是，随着企业规模的不断扩大、创业者管理能力的提高，为了更好地满足消费者的需求，新企业就可以纵向整合原来的代工企业，使研发和生产更好地对接，不断提高产品的质量。又如，在当时重型卡车柴油发动机市场已做到国内第一的潍柴动力股份有限公司通过兼并收购，向上游整合了变速箱、车桥业务，向下游整合了重型卡车、装载机、大客车整车制造业务，成为一家在整个重型车辆产业链上都有布局的企业，也因此具有强大的竞争力。

（2）横向整合。

横向整合，是指企业针对不同产品系列、区域市场来进行的整合，主要探讨利用哪些资源、怎样组合这些资源，才能提高该环节的效用和价值。横向整合是企业实现快速扩张、扩大市场占有率的一种较好的方法。例如，2005年2月—9月，框架传媒中国有限公司通过横向并购的方式，兼并了国内电梯平面广告市场的8家主要竞争者，将市场占有率迅速提高到90%[1]。

（3）平台式整合。

平台式整合是将企业作为一个平台，在此基础上整合供应方、需求方甚至第三方的资源，同时增加双方的收益或者降低双方的交易成本，企业自身也因此获利。

2. 管理好保持企业持续成长的人力资本

在知识经济的背景下，人力资本在企业中的重要性日益凸显，现代企业之间的竞争就是人才的竞争。初创期的企业如此，成长期的企业更是如此。不论是团队的完善，还是团队成员的招聘，乃至企业的人力资本积累在企业发展中都有着非常重要的意义。一方面，创业者应通过合理的股权设置和股权激励来维系创业团队的成员；另一方面，创业者应设计合理的业绩考核机制来调动团队成员的积极性，并建立合理的上升通道，使团队成员不但可以在职位上和企业一起成长，保持企业人力资本的稳定性；而且可以根据新企业愿景和发展规划，树立远大的奋斗目标，和企业共成长。

3. 及时实现从筹集资源到管好用好资源的转变

创办初期，新企业需要筹集大量资源。当新企业经过一段时间的经营，初期发展所需要的资源基本到位时，企业管理的重心需及时从筹集资源向使用资源转变。创业者需要在经营中树立创造资源、管理资源和利用资源并重的管理理念和经营思想，建立新企业的资源管理制度和资源利用监督机制，如采用拼凑的方式配置资源等，充分发挥各种资源的价值，将有限资源的效用发挥到极致。

4. 形成比较固定的企业价值观和文化氛围

企业价值观是企业文化的核心，是企业决策者根据企业性质、目标、经营方式所做出的选择，是团队成员能够接受的共同观念。企业价值观对创业者及其创业团队的行为起到导向

---

[1] 杨钊.谭智：“和”的胜利[EB/OL].（2010-12-28）[2022-06-10]. https://www.tmtpost.com/496695.html.

和规范作用，能激发团队成员的潜能。因此，企业应形成统一的价值观和思想。

企业文化氛围，是指笼罩在企业整体环境中，体现企业所推崇的特定传统、习惯及行为方式的精神格调。企业文化氛围是无形的，体现在企业的整体精神追求上，从而使团队成员产生思想升华和自觉意愿。因此，创业者应把创造良好的企业文化氛围作为重点，为团队成员创造良好的学习环境，鼓励团队成员积极上进，使企业内部形成浓厚的学习氛围，建立学习型组织。

5. 善于主动变革，重视人力资源开发与科学管理系统建设

新企业在成长过程中会遇到许多无法预料的问题，面临较大的风险。当新的问题出现时，创业者应积极应对，注重变革和创新，用发展的眼光看待新企业在成长过程中遇到的问题。

（1）善于主动变革。

我国某化妆品公司上市后即进行重要业务转型，砍掉第三方平台上的奢侈品业务，并将第三方平台美妆业务全部转为入库自营。此举虽然以牺牲短期业绩为代价，但能够有效加强对供应链质量的管控，着眼于未来的健康发展。

（2）重视人力资源开发。

人力资源管理是任何一个新企业都要高度重视的发展策略，因此新企业应重视人力资源开发。

（3）注重科学管理系统建设。

建立科学的管理系统有利于新企业日常工作有条不紊地开展，使各个部门的工作能够高效地开展，是保证新企业未来高速增长的动力系统。创业者应尽早开始管理系统的建设工作，使新企业早日步入快速发展的轨道。

6. 从过分追求速度转到突出企业的价值增加

创办初期，新企业的重点应放在快速扩大市场份额、增加销售收入上。随着企业各项工作步入正轨，创业者应将重点转移到消费者价值上。新企业通过不断创新，持续满足消费者的不同需求，并为消费者创造更大的价值。

（三）新企业风险的控制和化解

新企业在创办初期存在的风险较大，处理不当会导致创业失败。新企业面临的风险主要包括经营风险、财务风险、人力资源风险、市场风险等。

1. 经营风险

经营风险，是指新企业在生产经营过程中，受供、产、销各个环节不确定性因素的影响所带来的企业收益的不确定性。创办初期，各个环节的不确定性容易使新企业产生经营风险。同时，新企业的固定经营性成本越高，销售收入变动带来的利润变动就会越大，经营风险就会更高。因此，创业初期，创业者应尽可能地降低固定资产在全部资产中的比重，采取轻资产战略，合理控制经营风险。例如，西安蓝晶生物科技有限公司与西安多所高校联合建立实验室，利用高校实验室的资源从事科研开发，既节省了研发成本，也有利于新产品更快更好地推出，大大降低了新企业的固定成本，从而降低了经营风险，为新企业高速健康发展创造了机遇[1]。

2. 财务风险

财务风险，是指新企业财务结构不合理、融资不当使新企业可能丧失偿债能力，进而导致投资者预期收益下降的风险。企业只要有负债筹资，财务风险就不可避免。若新企业发生财务风险，不仅会带来财务拮据，严重时还会使新企业面临破产清算的风险。所以，创业者应合理规划财务结构，安排好不同渠道的资金来源及其比重，在获取财务杠杆利益的同时，将财务风险控制在可接受的范围之内。例如，大连微晒科技有限公司董事长张晓东创业初期，由于资金不足，网站运营项目很快就走向破产的边缘[2]。此案例为创业者敲响了警钟，新企业一定要做好自己的产品，找到自己的盈利模式，管好自己的现金流，避免产生财务风险。

3. 人力资源风险

人力资源风险，是指由于人的因素对创业活动的开展产生不良影响或偏离经营目标的潜在可能性。人力资源风险主要表现为创业者的能力和素质有限，创业团队成员的知识和技能水平不足，创业者在管理过程中用人不当，新企业关键员工离职等。例如，爱多公司的失败很大程度上就是由人力资源风险引起的[3]。因此，创业者需通过不断学习来提高自身素质，并通过制定合理的激励机制来增强团队凝聚力，避免新企业产生人力资源风险。

4. 市场风险

市场风险，是指市场情况的不确定性导致创业者及其创业团队损失的可能性。由于市场供给和需求的变化、市场接受产品的时间的不确定性、市场战略失误等因素会给创业活动带来一定的市场风险，创业者及其创业团队应随时关注市场变化，主动变革，避免产生市场风险。

---

[1] 王艳茹，王兵. 创业基础课堂操作示范[M]. 北京：北京师范大学出版社，2014：205.

[2] 张晓东. 大学14份兼职造就一位董事长[N].中国青年报，2016-05-24（12）.

[3] 王艳茹，王兵. 创业基础课堂操作示范[M].北京：北京师范大学出版社，2014：153-158.

▼ 小测试

你了解哪些新企业管理的技巧和策略?

◎ 案例思考

曾思和她的远征体育运动俱乐部

曾思，女，曾是广西球类运动发展中心运动员，2013年退役后自己创业，注册成立北海市远征体育运动俱乐部（以下简称“俱乐部”）。

俱乐部主要经营青少年篮球运动培训。其有固定的专业教练队伍，师资力量雄厚，基础设备完善，拥有多个专业性训练场地。截至2021年2月1日，俱乐部有固定学员400多人，累计服务学员达6 000余人次。2013年俱乐部成为北海市先进体育服务机构，2020年成为北海市专业青少年体测服务机构，并荣获由广西壮族自治区体育局颁发的“体育产业创新奖”，在北海市有很高的知名度。

回想起创业所经历的酸甜苦辣，曾思感慨万分：从运动队走入社会，顶着“除了会打球、会比赛，我们进入社会后还会什么？”的疑问，拿着不到5万元的自主择业费重新开始，从零起步。和别人合伙创办培训机构，后来机构因各种问题被迫解散，她面临给人打工还是自主创业的两难境地，但运动员不服输的精神使她不甘放弃，决定自己创业。

为了创业，曾思得先把身份摆正，不能安于现状。为了青少年在培训中能学到真正的技能，她放下原有的傲气，降低姿态，努力自学，不耻下问；为了节约开支，从培训机构取名到品牌Logo设计，再到业务目标、公司发展规划等，她都亲力亲为，用最少的费用达到最好的效果；创业需要人才，创业前期，她不惜贷款来保证教练的工资发放。2020年受新冠病毒感染疫情的影响，机构半年多没有营业收入，在发展极其艰难的情况下，她同样不惜借钱来发放员工的工资。2020年下半年疫情好转，俱乐部有序恢复了正常营业。

2013年俱乐部成立初期，面临的是学员和宣传问题，本着运动育人的理念，曾思带领她的团队，挨个学校找合作，找生源，一次次的谈判、一次次的失败，但是她和她的团队敢于直面困难，克服困难，终于谈下第一所合作学校。经过不懈的努力，曾思和她的团队找到了更适合学员成长的教学方式，得到了学校、家长们的一致好评。为了让青少年能学到真正的技能，身心得到更好的锻炼，拥有更健康的体魄，曾思在招聘教练时，非常严格，层层把关，目的是挑选更专业的教练，打造一支专业的团队。

事实证明，曾思的创业获得了成功，同时也证明了，退役运动员不仅会打球、会比赛，还会创业。

资料来源：戴晓倩.让运动更快乐，赢得好未来 运动员成功创业案例：广西篮球退役运动员曾思[EB/OL].（2021-02-02）[2022-07-12]. http://tyj.gxzf.gov.cn/xwzx/zsdt/t7842351.shtml.

▼ 思考题：

1. 北海市远征体育运动俱乐部创办初期面临哪些困难？
2. 北海市远征体育运动俱乐部是如何获得快速发展的？

▼ 进一步阅读书目

1. 谢德荪.源创新[M].北京：五洲传播出版社，2012.

2. 克莱顿·克里斯坦森，迈克尔·雷纳.创新者的解答：珍藏版[M]. 3版. 李瑜偲，林伟，郑欢，译.北京：中信出版社，2020.

▼ 复习思考题

1. 创业计划书的主要内容有哪些？
2. 撰写创业计划书需要注意哪些事项？
3. 大学生创办的企业可以采用哪些市场主体类型？
4. 新企业管理有哪些特殊性？

▼ 讨论性问题

1. 如何在创业计划书中强调亮点？
2. 如何展示创业计划书？
3. 两个以上的大学生合伙创办企业，分别可以采用什么样的合伙方式？不同的合伙方式有何特点？
4. 是否履行社会责任会对企业产生什么样的影响？
5. 新企业整合资源的方式有哪些？请举例说明。
6. 企业价值观和文化氛围在企业成长过程中能发挥什么样的作用？
7. 新企业的风险有哪些？应如何化解？

▼ 实践性问题

1. 教师请学生收集1～2份创业计划书，分析其中存在的问题，你建议如何改进。
2. 教师请学生走访身边1～2家初创企业，要求：

（1）了解其采用的法律形式及其采用该法律形式的原因。

（2）企业在创办和运营过程中遇到的关键事件，讨论其行动策略及对后续发展的影响。

（3）企业在创办和运营过程中的风险及其应对策略。

（4）学生将上述内容做成PPT，在课堂上进行分享。

第八章　大学生创新创业大赛

◆ 本章学习目标

1. 了解大学生创新创业大赛的类型。
2. 熟悉大学生创新创业大赛备赛和参赛要求。

第一节　大学生创新创业大赛概述

一、大学生创新创业大赛的背景

2014年9月，李克强总理在夏季达沃斯论坛上首次提出“大众创业、万众创新”的概念，强调要在我国掀起“大众创业”的新浪潮，形成“万众创新”新态势。2015年，“大众创业”“万众创新”被正式写入政府工作报告[1]。2015年4月，李克强总理在视察吉林大学时对举办中国“互联网+”大学生创新创业大赛做出明确指示。同年5月，国务院办公厅印发《关于深化高等学校创新创业教育改革的实施意见》（国办发〔2015〕36号）（以下简称《意见》）。

为了贯彻《意见》的精神，教育部会同国家发展改革委、工业和信息化部、人力资源和社会保障部、共青团中央和吉林省人民政府联合举办了首届中国“互联网+”大学生创新创业大赛。自此我国陆续开展了一系列大学生创新创业大赛。

二、大学生创新创业大赛的类型

（一）创新类

目前我国的创新类大赛主要是“挑战杯”全国大学生系列科技学术竞赛。“挑战杯”全

[1]　郭晓婷. 大众创业、万众创新首入政府施政纲要[EB/OL].（2015-03-06）[2022-08-09].http://www.gov.cn/zhengce/2015-03/06/content_2828621.htm.

国大学生系列科技学术竞赛（以下简称“挑战杯”竞赛）是由共青团中央、中国科协、教育部和全国学联共同主办的全国性的大学生课外学术实践竞赛。“挑战杯”竞赛在中国共有两个并列项目：“挑战杯”中国大学生创业计划竞赛、“挑战杯”全国大学生课外学术科技作品竞赛。这两个项目的全国竞赛交叉轮流开展，每个项目每两年举办一届。“挑战杯”竞赛是国内大学生最关注、最热门的全国性竞赛，也是全国最具代表性、权威性、示范性、导向性的大学生竞赛。

1. “挑战杯”中国大学生创业计划竞赛

挑战杯”中国大学生创业计划竞赛是由共青团中央、教育部、中国科协、全国学联和省级人民政府主办的一项具有导向性、示范性、实践性和群众性的创业交流活动。根据参赛对象，其分普通高校、职业院校两类竞赛。其设科技创新和未来产业、乡村振兴和脱贫攻坚、城市治理和社会服务、生态环保和可持续发展、文化创意和区域合作五个组别。

（1）参赛资格。

普通高校学生：在举办大赛决赛的当年6月1日以前正式注册的全日制非成人教育的各类普通高等学校在校专科生、本科生、硕士研究生（不含在职研究生）可参加。硕博连读生、直接攻读博士生若在举办大赛决赛的当年6月1日前未通过博士资格考试的，可以按硕士研究生学历申报作品；没有实行资格考试制度的学校，前两年可以按硕士研究生学历申报作品；本硕博连读生，按照四年、二年分别对应本、硕申报。博士研究生仅可作为项目团队成员参赛（不作项目负责人）、且人数不超过团队成员数量的30%。

职业院校学生：在举办大赛决赛的当年6月1日以前正式注册的全日制职业教育本科、高职高专和中职中专在校学生。

（2）参赛基本要求。

参赛项目应有较高立意，积极践行社会主义核心价值观。应符合国家相关法律法规规定、政策导向。应为参赛团队真实项目，不得侵犯他人知识产权，不得借用他人项目参赛；存在剽窃、盗用、提供虚假材料或违反相关法律法规的，一经发现将取消参赛相关权利并自负一切法律责任。已获往届“挑战杯”中国大学生创业计划竞赛、“创青春”全国大学生创业大赛、“挑战杯——彩虹人生”全国职业学校创新创效创业大赛全国金奖（特等奖）、银奖（一等奖）的项目，不可重复报名。

（3）参赛项目申报。

按普通高校和职业院校分类申报，每所学校限参加一类。聚焦创新、协调、绿色、开放、共享五大发展理念，设五个组别。

①科技创新和未来产业：突出科技创新，在人工智能、网络信息、生命科学、新材料、新能源等领域，结合实践观察设计项目。

②乡村振兴和脱贫攻坚：围绕实施乡村振兴战略和打赢脱贫攻坚战，在农林牧渔、电子商务、旅游休闲等领域，结合实践观察设计项目。

③城市治理和社会服务：围绕国家治理体系和治理能力现代化建设，在政务服务、消费生活、医疗服务、教育培训、交通物流、金融服务等领域，结合实践观察设计项目。

④生态环保和可持续发展：围绕可持续发展战略，在环境治理、可持续资源开发、生态环保、清洁能源应用等领域，结合实践观察设计项目。

⑤文化创意和区域合作：突出共融、共享，紧密围绕“一带一路”和“京津冀”“长三角”“粤港澳大湾区”“成渝经济圈”等经济合作带建设，在工艺与设计、动漫广告、体育竞技和国际文化传播、对外交流培训、对外经贸等领域，结合实践观察设计项目。

（4）参赛形式。

以学校为单位统一申报，以项目团队形式参赛，每个团队人数原则上不超过10人，每个项目指导教师原则上不超过3人。对于跨校组队参赛的项目，各成员须事先协商明确项目的申报单位，各省级组织协调委员会最终明确项目的申报单位。全国决赛报名截止后，只可进行人员删减，不可进行人员顺序调整及人员添加。

参赛项目涉及知识产权的，在报名时须提交具有法律效力的发明创造或专利技术所有人的书面授权许可、项目鉴定证书、专利证书等。

对于已工商注册的项目，在报名时可提交相关证明材料（含单位概况、法定代表人情况、营业执照复印件、税务登记证复印件、组织机构代码复印件、股权结构等材料）。已工商注册项目的负责人须为企业法人代表。企业法人代表在通知发布之日后进行变更的不予认可。

参赛项目可提供项目实践成效、预期成效等其他相关材料（包括项目的社会效益、经济效益、带动就业情况等）。

参赛项目涉及动植物新品种的发现或培育、国家保护动植物的研究、新药物等的研究时，申报者可根据实际情况提供有关证明材料。

每个学校通过省级复赛推荐入选全国决赛的项目总数不超过6个。其中，每个组别至多2个；每人（每个团队）限报1个；每个参赛项目只可选择参加一个组别，不得兼报。参赛项目须经过本省（自治区、直辖市）组织协调委员会进行资格及形式审查和本省（自治区、直辖市）评审委员会评定，方可上报全国组委会。各省（自治区、直辖市）选送全国决赛的项目数额由全国组委会统一确定。

全国组委会通过赛事相关活动遴选若干优秀项目，经全国评审委员会评定，给予直接进入全国决赛机会（不占每校6个项目名额）。

2. “挑战杯”全国大学生课外学术科技作品竞赛

“挑战杯”全国大学生课外学术科技作品竞赛是由共青团中央、中国科协、教育部、中国社科院、全国学联和地方政府共同主办，国内著名大学、新闻媒体联合发起的一项具有导向性、示范性和群众性的全国竞赛活动。自1989年首届竞赛举办以来，“挑战杯”竞赛始终坚持“崇尚科学、追求真知、勤奋学习、锐意创新、迎接挑战”的宗旨，在促进青年创新人才成长、深化高校素质教育、推动经济社会发展等方面发挥了积极作用，在广大高校乃至社会上产生了广泛而良好的影响，被誉为当代大学生科技创新的“奥林匹克”盛会。

（1）参赛资格。

凡在举办竞赛终审决赛的当年6月1日以前正式注册的全日制非成人教育的各类高等院校在校专科生、本科生、硕士研究生（不含在职研究生）都可申报作品参赛。

（2）项目申报。

申报参赛的作品必须是距竞赛终审决赛当年6月1日前2年内完成的学生课外学术科技或社会实践活动成果，可分为个人作品和集体作品。申报个人作品的，申报者必须承担申报作品60%以上的研究工作，作品鉴定证书、专利证书及发表的有关作品上的署名均应为第一作者，合作者必须是学生且不得超过2人；凡作者超过3人的项目或者不超过3人，但无法区分第一作者的项目，均须申报集体作品。集体作品的作者必须均为学生。凡有合作者的个人作品或集体作品，均按学历最高的作者划分至本专科生或硕士研究生类进行评审。

增加作品自查环节，申报学校签订承诺书，承诺作品符合“挑战杯”竞赛申报作品的要求，接受竞赛组委会抽查。对不符合申报要求或严重违规作品的惩戒措施详见《“挑战杯”全国大学生课外学术科技作品竞赛章程（试行）》第六章。

本校硕博连读生（直博生）若在决赛当年6月1日以前未通过博士资格考试的，按硕士生学历申报作品，若通过，则按博士生学历申报作品。没有实行资格考试制度的学校，按照前两年为硕士、后续为博士学历申报作品。医学等本硕博连读生，按照四年、二年及后续分别对应本、硕、博申报。

毕业设计和课程设计（论文）、学年论文和学位论文、国际竞赛中获奖的作品、获国家级奖励成果（含本竞赛主办单位参与举办的其他全国性竞赛的获奖作品）等均不在申报范围之列。

申报参赛的作品分为自然科学类学术论文、哲学社会科学类社会调查报告和学术论文、科技发明制作三类。自然科学类学术论文作者限本专科生。哲学社会科学类支持围绕发展成就、文明文化、美丽中国、民生福祉、中国之治等组别形成社会调查报告，也可以按照哲学、经济、社会、法律、教育、管理6个学科报送社会调查报告和学术论文（原：哲学社会科学类社会调查报告和学术论文限定在哲学、经济、社会、法律、教育、管理6个学科内）。科技发明制作类分为A、B两类：A类指科技含量较高、制作投入较大的作品；B类指投入较少，且为生产技术或社会生活带来便利的小发明、小制作等。

（3）参赛形式。

每个学校选送参加竞赛的作品总数不得超过6件，每人限报1件，作品中研究生的作品不得超过作品总数的1/2，如研究生作品数超过比例要求，违反规定的，取消该校所有研究生作品参赛资格且不得补报，但如学校只招收研究生的，或只有1件作品参加全国竞赛的，不受作品比例限制。参赛作品须经过本省（自治区、直辖市）组织协调委员会进行资格及形式审查和本省（自治区、直辖市）评审委员会初步评定，方可上报全国组委会办公室。各省（自治区、直辖市）选送全国竞赛的作品数额由主办单位统一确定。每所发起学校可直接报送3件作品（含在6件作品之中）参加全国竞赛。每所优秀组织奖或进步显著奖获得学校可直接报送1件作品（含在6件作品之中）参加全国竞赛，直通全国竞赛渠道不做累加。

（4）参赛作品要求

参赛作品涉及下列内容时，必须由申报者提供有关部门的证明材料，否则不予评审。

①动植物新品种的发现或培育，须有省级以上农科部门或科研院所开具证明。

②对国家保护动植物的研究，须有省级以上林业部门开具证明，证明该项研究的过程中未产生对所研究的动植物繁衍、生长不利的影响。

③新药物的研究，须有卫生行政部门授权机构的鉴定证明。

④医疗卫生研究须通过专家鉴定，并最好附有在公开发行的专业性杂志上发表过的文章。

⑤涉及燃气用具等与人民生命财产安全有关用具的研究，须有国家相应行政部门授权机构的认定证明。

参赛作品必须于申报前将作品项目名称、参赛学生和指导教师等关键信息在校内官方网站主页上进行不少于5天的公示，并将公示截图随作品一同报送。多个学校学生合作申报的项目，须注明学生、学校信息并在学生所在学校均进行公示。

参赛作品必须由两名具有高级专业技术职称的指导教师（或教研组）推荐，经本校学籍管理、教务、科研管理部门审核确认。每件作品可由不超过 3 名教师指导完成。作品完成全国竞赛申报后，作品题目、作者、指导 教师等关键信息不得变动。

（二）创业类——中国国际“互联网+”大学生创新创业大赛

中国国际“互联网+”大学生创新创业大赛是我国深化创新创业教育改革的重要载体和关键平台，已成长为覆盖全国所有高校、面向全体大学生、影响最大的高校双创盛会。

本教材以第七届中国国际“互联网+”大学生创新创业大赛为例。

1. 大赛内容

（1）主体赛事：包括高教主赛道、“青年红色筑梦之旅”赛道、职教赛道和萌芽赛道，增设产业命题赛道。

（2）青年红色筑梦之旅活动。

（3）同期活动，即“慧秀中外”国际大学生创新创业成果展、“慧智创业”中国民族品牌主理人面对面、“慧展华彩”历届大赛优秀项目对接巡展、“慧治创新”全球乡村振兴智慧化高端论坛、“慧云闪耀”全球数字化教育云上峰会、“慧聚未来”国际青年学者前沿思辨会。

2. 参赛要求

（1）参赛项目能够将移动互联网、云计算、大数据、人工智能、物联网、下一代通讯技术、区块链等新一代信息技术与经济社会各领域紧密结合，服务新型基础设施建设，培育新产品、新服务、新业态、新模式；发挥互联网在促进产业升级以及信息化和工业化深度融合中的作用，促进制造业、农业、能源、环保等产业转型升级；发挥互联网在社会服务中的作用，创新网络化服务模式，促进互联网与教育、医疗、交通、金融、消费生活等深度融合。

（2）参赛项目须真实、健康、合法，无任何不良信息，项目立意应弘扬正能量，践行社会主义核心价值观。参赛项目不得侵犯他人知识产权；所涉及的发明创造、专利技术、资源等必须拥有清晰合法的知识产权或物权；抄袭盗用他人成果、提供虚假材料等违反相关法律法规的行为，一经发现即刻丧失参赛相关权利并自负一切法律责任。

（3）参赛项目涉及他人知识产权的，报名时须提交完整的具有法律效力的所有人书面授权许可书等；已在主管部门完成登记注册的创业项目，报名时须提交营业执照、登记证书、组织机构代码证等相关证件的扫描件、单位概况、法定代表人情况、股权结构等。参赛项目可提供当前真实财务数据、已获投资情况、带动就业情况等相关证明材料。在大赛通知发布前，已获投资1 000万元及以上或在2020年及之前任意一个年度的收入达到1 000万元及以上的参赛项目，请在总决赛时提供投资协议、投资款证明等佐证材料。

（4）参赛项目不得含有任何违反《中华人民共和国宪法》及其他法律、法规的内容；须尊重中国文化，符合公序良俗。

（5）参赛项目根据各赛道相应的要求，只能选择一个符合要求的赛道报名参赛。已获本大赛往届总决赛各赛道金奖和银奖的项目，不可报名参加本届大赛。

（6）参赛人员（不含师生共创参赛项目成员中的教师）年龄不超过35岁（1986年3月1日之后出生）。

▼ 小测试

1. 你了解哪些创新创业大赛？
2. 你或者你身边的人有符合创新创业类竞赛要求的项目吗？

第二节　大学生创新创业大赛的备赛和参赛要求

一、选择合适的参赛项目

一个参赛项目能否打动评委、取得好的成绩，取决于参赛者所选项目是否同时具有可行性、创新性和市场前景，因此，选择合适的参赛项目对参赛者来说非常重要。如果参赛者所选参赛项目没有创新性和市场价值，那么一切都等于零。参赛者可以从以下四个方面选择参赛项目。

（一）选择自己正在实施或者已经完成的创新创业项目

参赛者应选择自己正在实施的创业项目、已有的专利项目或研发的产品、开展的社会调查、正在进行或已经完成的研究课题等。只有参赛者对参赛项目比较了解，才容易厘清参赛项目的创新点和市场痛点，便于收集支撑材料等。例如，西北农林科技大学的学生田义在一次跟随老师下乡授课时发现，当地果农的水果滞销严重，她就产生了公益创业的想法，成立了杨凌农加电子商务有限公司，14个月累计销售7 400 000千克苹果，实现销售收入2 817万元人民币，切实解决了当地果农的销售问题，该项目也入围了中国"互联网+"大学生创新创业大赛全国总决赛。

（二）选择与指导老师研究课题相关的项目

参赛者应在老师的指导下，依托老师已有的研究基础，制订创业计划，形成参赛项目，这就是所谓站在"巨人的肩膀上"参加比赛。例如，安徽农业大学植物保护学院的"安徽省病虫害监测预警平台"，就是由丁克坚教授团队的科研项目成果转化而来的，该项目获得了

"创青春"全国大学生创业大赛的银奖。

（三）善于发现生活和市场的需求

如果你是创新型人才，那么可以提出好的创意，并付诸实践，将其设计成一个参赛项目。事实上，参赛项目就在我们的日常学习生活中，需要我们有一双善于发现创意的眼睛。

（四）选择与专业建设相关的项目

参赛者可以在自己所在院系的正在实施的专业建设、提质培优和校企合作等项目中挖掘有创新性和市场潜力的项目，形成参赛项目。

二、组建一支优秀的参赛团队

创业类比赛是团体赛，要求团队成员一般不少于3人，不超过15人，可以有2～3名指导老师（以当年比赛规则为准）。

①你的团队需要一个文案高手。商业计划书的撰写、路演稿的凝练，都需要一名笔头功夫深的成员，他/她会使你的项目文稿很快吸引评委的目光。

②你的团队需要一个技术总监。如果你做的是科技成果转化项目，那么团队中需要有一名专业知识水平高的成员；如果你做的是一个App项目，那么计算机专业的高才生应该是一个不错的选择。

③你的团队需要一个美编。一个PPT制作高手和精通Photoshop等平面设计软件的小伙伴是值得你邀请的对象，他/她可以让你的项目路演PPT和商业计划书排版独树一帜。

④你的团队需要一个财会小能手。他/她可以解决十分复杂的财务报表制作问题，可以让你的财务预算更加合理。

⑤你的团队需要一个音质好、形象佳、气场足、思路清晰的答辩合伙人。他/她可以让你的项目多几分胜算。

⑥最重要的是，自己要当好一个有情怀、有气度的队长。团队成员都是各个领域的佼佼者，当然也会有各自的小脾气。海纳百川，有容乃大。你的任务是把大家集合在一起，组成一支有战斗力的团队，让大家各施所长，披荆斩棘，最后取得胜利。

三、撰写一份能打动评委的商业计划书

一个好的项目想要引起评委的注意，被潜在投资者接受，就必须能写出来、讲出来，因此，撰写一份完善的商业计划书，是吸引评委、取得比赛成功的关键。商业计划书撰写的注意事项如下。

（一）在撰写商业计划书前，要深入思考

一是如何定位即将开始的项目。该项目是做具体的产品、技术服务，还是解决方案，如果用一句话说明，该怎样表述。该项目需要以产品、服务、解决方案和运营模式为中心，吃透为什么做、怎么做、做到哪里，须前后衔接，理清逻辑主线。二是弄清用户到底是谁。该项目要发现市场问题，研析市场痛点，逐步细分市场，聚焦目标用户。目标用户一定是聚焦、聚焦、再聚焦，这样方能找准市场定位。三是该项目的商业模式如何设计。商业模式是一个项目的重点和难点，要多分析案例，找到适合自己的商业模式，如小米、京东、华为等企业的商业模式都为我们提供了很好的参考。

（二）认真写好前言

不少学生可能认为前言无关紧要，这种认识是非常错误的。其实前言就是“代言”，是商业计划书的浓缩和精华。前言要把主旨、目的、创新痛点、商业价值、市场前景等关键点用简短精练的语言表述出来，在最短的时间内使评委或潜在投资者产生阅读兴趣，进而认识到你的项目有新意、有价值。

（三）宣传好你的项目

一是用简洁清晰、通俗易懂的语言介绍你的核心技术是什么，创新点在哪里，让评委或潜在投资者了解你的产品、技术、工艺、服务、商业模式等的独特性。核心技术是多元的、多角度的，既有可能是高端的技术、一项专利、一种理论的实际应用，也有可能是一种工艺流程的改进，甚至是一个新的商业模式。关键是你的项目怎么能和别人的项目不一样呢？能提供什么特色的价值呢？能够给潜在投资者什么样的期许呢？二是专利申请和保护情况如何。对市场前景、发展计划、盈利模式有什么预测；对潜在投资者有什么要求；我们能给潜在投资者什么样的回报；如果项目已经运营，做成了什么；该项目运营至今，达成了多少订单、拥有多少用户数据、整合了多少创业者；取得了什么荣誉、拥有了什么资质；创造了怎样的社会价值、解决了多少民生问题等。

（四）其他

一是选择一个有吸引力的题目。它能第一时间给评委留下深刻的印象。二是注意格式。商业计划书一般都是有固定格式的，自己可以找一份优秀的商业计划书，仿照其格式来撰写。三是注意篇幅。商业计划书字数不要太多，简明扼要、精练清晰，页数最好控制在40～80页。当然，如果你的项目比较大，可以多写一些，充分地展示该项目的内容。四是图文并茂。商业计划书要有数据、有图表，如示意图、流程图、结构图等。评委或潜在投资者在短时间内是看不完整个商业计划书的，如何加深印象、提升好感呢？一图胜千言。

◎ 案例思考

让世界见证卫星互联网测量的中国力量

学校：北京理工大学。

项目名称：星网测通[1]。

“在随后的五分钟里，请大家和我一起，把目光投向太空。”第六届中国国际“互联网+”大学生创新创业大赛全国总决赛中的冠军争夺赛舞台上，仅有的一位女参赛选手的声音响起，似乎就注定成为全场的焦点，一袭红衣，在尽是白衬衫黑西服的人群中，愈发耀眼。

经过最终打分，北京理工大学参赛项目——“星网测通”以1 310分之高，成功夺冠。该项目负责人宋哲，也成为大赛举办以来的首位女冠军。

立志：打造属于中国的卫星通信技术

事实上从本科开始，宋哲就积累了一系列科研实践经验：考入北京理工大学后，宋哲就进入学校光电创新实验基地学习；大三时，她便开始在各大比赛中崭露头角，这为她今后开展科研工作奠定了坚实的基础。

2008年四川发生特大地震，地面通信全部中断，有线交换局受损616个，无线基站受损16 507个，电话和手机无法接通。一直持续了31个小时的“失联”情况，给救援工作造成了极大的困扰，救援人员依靠国外的卫星电话，才让重灾区与指挥部取得联系。

“中国作为世界大国之一，在关键情况时，只能用他国卫星通信设备，这件事对于我们通信人来说，是很沉重的打击。”也正是这样的打击，使宋哲和团队成员下定决心要在卫星通信

[1] 《中国国际“互联网+”大学生创新创业大赛指南（2021）》编写组.中国国际“互联网+”大学生创新创业大赛指南. 2021[M].北京：高等教育出版社，2021：39.

技术领域展开一系列攻关。

扎根：卫星通信测量领域数年攻关

“将创新思想融入血液，将产业化观念融入灵魂，将对科研的热爱化为促进自己不断前行的力量。”在科研前行的道路上，宋哲的初衷始终如一。

“科学没有捷径可走。通往真相的路，得自己寻找。”宋哲深知依靠国外的相关技术建构我国的通信网络治标不治本，核心技术会永远被人“卡脖子”。

进入学校通信技术研究所从事科研工作以来，宋哲参与和主持了系列化卫星通信测量仪的研制，并通过与研究团队多年的创新探索，在理论研究、技术研究及硬件研制方面取得了一系列创新性科研成果。

“我们的目标就是将来不管什么时候，以任何形式，能通过自己研发的科研技术，帮助国家的某研究领域实现突破，真真正正地于国于民做出科研贡献。”宋哲目光如炬。

前行：再谱卫星互联时代新篇

2020年，我国正式将“卫星互联网”纳入“新基建”，开启卫星互联网建设元年，人类开始大踏步地进入太空Wi-Fi时代。

近年来，我国逐步加快商业航天发展，航天领域正在逐步向民营企业加快开放，再加之“新基建”的导向作用，卫星互联网正成为市场上的新“风口”之一。在这之中，宋哲和团队看到了新机遇，迎接新的挑战，聚焦民用卫星测量需求，采用B2B模式为商业航天用户提供一体化测量解决方案。

“测量就是给卫星做体检，是卫星互联网产业链的关键环节。”宋哲介绍，给卫星进行测量，说起来容易做起来难。通信卫星的轨道高度高达数万千米，使得卫星上的微小偏差会被放大为地面覆盖区域的大幅偏离。因此，想要偏差小，就得测得准。

在准的基础上，卫星量制还要解决通信场景多、通用设备功能弱，测不了；测量流程长、设备效率低，测不快；产线规模大、设备售价高，测不起等问题。为了解决这些问题，宋哲项目团队用了12年时间，发明了宽带链路测量仪，实现了9种调制模式的柔性测量，一台设备就能测数百个场景；发明的参数矩阵测量仪，实现了109个通道的全并行测量，效率提升100倍；还发明了十二分量模拟源，实现了20余种波形的低复杂度测量，为用户节省了90%的成本。

目前，该项目团队所研发的设备已可满足多个国家重大型号的研制急需，保障了神舟飞船宇航员和地面之间天地通话链路的畅通，保证了天通一号卫星能按时飞向太空，填补了北斗系统测量手段的空白。

未来，征途依旧漫漫，未来，脚步更大更远！“星网测通”让卫星互联网测量的中国力量被世界所见证。

专家点评：

互联网作为重要的基础设施和我们的生活息息相关，无时无刻不在改变人们的生活状态和方式，同时对很多行业产生了深远的影响。互联网发展至今基本形成了地面光纤网络、移动无线网与卫星互联网三种形态。随着高通量卫星技术的发展，卫星互联网通信性能大幅提升、用户成本快速下降，全球卫星互联网产业发展已经进入了一个爆发期。

◎ 案例思考

爱心筑梦，“声”临其境

学校：中国传媒大学。

项目名称：“光明影院”无障碍电影制作与传播项目[1]。

“盲人能看电影吗？”

“盲人为什么不能看电影？”

第五届中国“互联网+”大学生创新创业大赛全国总决赛中，随着“光明影院”无障碍电影制作与传播项目的脱颖而出，视障人士的文化需求也被带入了大众的关注视野。

该项目团队成立3年来，已发动全国100多所高校1 000余名志愿者参与其中，探索出了一套科学的无障碍电影制作流程，并将自主制作的174部无障碍电影带进全国19个省份，举行公益放映173场，累计邀请2万余名视障观众观影，脚踏实地地走在“为视障人士筑梦”的路上。

一条盲道种下的梦想

“为盲人做电影”这个想法，最初还要追溯到学校门口的一条盲道。

“我们每天上下学都要经过学校正门口的盲道，久而久之就开始思考：国家为视障人士铺设了物理盲道，那我们能不能为他们铺就一条心灵上的盲道呢？能不能结合我们的专业为他们做点事情？”每次团队进行招新宣讲时，师生志愿者总爱回顾这个小小盲道引发的思考。

就这样，一条窄窄的盲道却萌发了一个大胆的想法——为盲人做电影！

在三五位教师指导以及学院和校友企业的支持下，10余人的项目团队就这样组建了，一个朴素却不凡的公益梦想从此开始，一场艰苦却光明的创业之路由此起航。

然而，“盲人怎么能看电影呢？”“他们看得懂吗？”“爱看吗？”等一连串的质疑声接踵而至；“是做片段还是做全片？该怎样描述电影中的画面和声效？该用哪种音调和方式进行讲述？面对学术、技术的空白，我们真是挠破了脑袋”；“一篇讲述稿要写上2万字，3平方米

[1] 《中国国际“互联网+”大学生创新创业大赛指南（2021）》编写组.中国国际互联网+大学生创新创业大赛指南.2021[M].北京：高等教育出版社，2021：77.

的配音间里一待就是十几个小时，老师、同学们熬夜奋战：头脑风暴，无数次推翻重来……”项目主力成员王海龙最初的创业记忆，也是团队的工作常态。

在如此高压的状态下，王海龙带着团队花了大半个月的时间，研创出了第一部无障碍电影《战狼2》。然而，即便是公益项目，日常运营仍需资金维持，资金短缺使项目初期放映陷入窘境。

第九届北京国际电影节“光明影院”公益放映活动的前一周，由于资金短缺，原定负责展映上赠送的无障碍U盘盒“小喇叭”的定制工厂不予开工，活动能否如期举办都在团队成员心里打了一个大大的“问号”。王海龙一边东奔西走推动流程和落实学校课题资金的支持，一边与工厂沟通先行备货，终于在最后四天，资金到位，工厂开工。

那一刻，坐在图书馆门口的王海龙，掩面哭了起来，“一开始只是尝试做无障碍电影，试映过一次之后，我感受到了视障朋友对我们以及这份‘福利’的无限期待，我不想辜负他们，也不能辜负这个团队”。身兼重任、负重前行，大概是每一位创业者的真实写照。

最终，这场公益放映顺利进行，200多位视障人士走进电影院，走近电影文化。自此，“光明影院”也成为北京国际电影节的固定展映单元。

“经验是一面镜子，借鉴它，你能清楚地看到往事”，同样，只有总结经验才能更好地应对未来。团队开始进一步寻找多元化的资金支持，在学校课题经费的基础上，探索了政府购买、基金会扶持、社会公募等多种筹款方式和渠道，以确保项目的日常运行。

参赛就是一场成长修行

2019年5月，春深夏浅的季节，该项目团队加入了第五届中国“互联网+”大学生创新创业大赛“青年红色筑梦之旅”活动，年轻的志愿者们奋斗的青春又有了新的打开方式，对于年轻的“光明影院”来说，这是一场成长的修行。

还沉浸在公益放映活动成功和攻坚克难完成104部无障碍电影、顺利举办两场大型无障碍电影公益放映的喜悦中的团队成员，接到校赛决赛通知后，一边进行日常制作和放映的工作，一边按照自己的理解准备着一场不太熟悉的比赛。

答辩室内没有收获设想中的掌声与肯定，取而代之的是专业评委针对项目创新点、成本构成、运行模式、受众反馈等方面做出的辛辣点评，这犹如一桶冷水从头浇下，让火热的心冷却了下来。

伴随校赛险胜消息而来的是市赛可想而知的压力。团队成员连夜开会，复盘校赛中的失误表现，并根据校赛评委的建议，王海龙、蔡雨和陈红三人组成“答辩稿”小队，在截稿的最后一天，三人还在通宵接力修改该项目计划书，最终通过审核的第26版项目计划书，成稿19 681个字。

为了能在5分钟之内展示出该项目的全貌，团队成员在会议室闭关盘点、梳理、归类：我们的优势是什么？我们的创新点是什么？创新和优势可以等同吗？制作流程需要着重说吗？放映机树该怎样概括呢？ 在一个个的自我疑问中，答辩逻辑和重点渐渐明朗。团队成员甚至以视频连线的方式拿亲朋好友“练嘴”，直至他们的阐述既能让人清晰明了，又能动人心扉。

如果说准备市赛的日子是难熬的，那么备战国赛的日子就是煎熬的，“取舍”很难也很关键。

10分钟项目展示，5分钟问答时间。要在有限的时间内最大限度地吸引评委的眼球，路演就要精练精练再精练、精彩精彩再精彩。团队成员各尽其才、各司其职：王海龙负责整体协调、蔡雨负责文稿撰写、陈红负责资金核算、温莫寒负责PPT制作、李超鹏负责视频制作等。最终，团队荣获中国“互联网+”大学生创新创业大赛“青年红色筑梦之旅”赛道全国金奖。

全国“巡演”推动视障人士观影常态化

在大赛总决赛答辩场最后30秒的答辩时间里，评委老师问了团队这样一个问题：未来将如何平衡项目的商业性和公益性呢？对于目前已拥有200多位常驻师生志愿者的“光明团”来说，这一问题的回答不只是应对评委，更是项目未来发展需要思考的关键问题。

“‘光明影院’是一个公益项目，它的初心和目标就是让视障人士与正常人一样，享有日常观影的权利。目前，政府、企业、基金会的捐助足够维持我们的运营，接下来我们也会去尝试更多的募资渠道和筹款方式。商业诱人，但我们选择做公益。”陈红的声音略微颤抖，但心中早已默念过无数遍，“我们期待无障碍影视产业链的发展，希望这个社会能够有更多的人关注视障群体，我们更时刻提醒自己，不忘初心，砥砺前行。”

在全国第36个国际盲人节上，项目团队联合全国10个省（自治区、直辖市）共同举办了“十省联动”公益放映活动，以无障碍版本的《开国大典》公益放映活动，邀请全国视障朋友共同庆贺中华人民共和国成立70周年。

相继在2019年国际残疾人日发起了“二十省联动”公益放映活动，更好地实现了无障碍电影的传播和推广。

截至2021年，团队已制作完成208部无障碍电影，并将坚持每年制作104部，保障视障人士一周2部观影量，在保障稳定、专业产出的基础上，有序推进团队和各省（自治区、直辖市）盲协、影院等的合作，实现在全国范围内落地无障碍观影点，推动视障人士观影常态化。

专家点评：

这个项目充分体现了大学生创新创业与专业融合的特色。在创业过程中，该项目团队应用专业知识叩响了成功之门。

这是一个朴素却不凡的公益项目，是一个充满情怀的项目。一条窄窄的盲道萌发了一个梦想，述说了一段情怀，将视障人士的文化需求带入了大众的视野，建设无障碍观影点，推动视障人士观影常态化，为视障人士铺设了一条心灵上的盲道，彰显了当代大学生回报社会、关注弱势、爱心筑梦的责任与担当。他们用实际行动，让我们看到了蕴藏在当代大学生身上巨大的正能量。

该项目团队的成长经历是一条艰苦却光明的创业之路。从资金短缺到寻找政府购买、基金会扶持、社会公募等多元化的资金支持，招募志愿者、平衡项目的商业与公益性。面对挫折，他们不言放弃，奋然前行，他们的故事生动地诠释了创业者对理想和信念的砥砺与坚持。世界上没有一蹴而就的成功，希望该项目团队持之以恒、坚守初心，不断收获精彩。

◎ 案例思考

巢球运动——打造亲子互动新模式
（路演讲稿）

各位专家，各位评委：大家好！

本项目的名称是“巢球运动——打造亲子互动新模式”。我是项目负责人杨献意。

亲子活动是增进家长和孩子之间感情，促进孩子身心健康成长的有效方式，亲子活动有利于激发孩子的内在潜能，使孩子表现更出色！本项目团队专注亲子互动的运动项目研究，旨在设计一款最适合亲子互动的全新运动项目——巢球运动，打造集体验、情感、运动为一体的亲子互动新模式。

据统计，2020年，亲子活动的市场规模估计达到380亿元人民币，增速超过30%。91.1%的受访者认为亲子活动对孩子的健康成长很重要。

目前市场上的亲子活动存在产品同质化、缺乏趣味性、产品设计不合理、亲子活动配套设施滞后等问题，导致亲子活动得不到有效开展。

巢球运动是综合了高尔夫球、门球、台球等项目的特点，改进了亲子互动中的不足而重新设计的一项全新体育运动。其主要用具是球、击杆和巢座，因以击球入巢为乐，故名巢球。球巢座体设声光装置，在球巢入洞时发出铃铛声，同时彩灯闪烁，增加豪华感和趣味性。器材每套重约2.5千克，分通用型和高档型等，可折叠入包，方便携带。技术动作分为侧拨、正拨、推击和背向敲击等，巢座可调节成高、中、低三个坡道，最小娱乐场地几平方米即可，标准比赛场地约100平方米，可结合现有运动场地套画通用。

这就是我们的产品应用。巢球比赛可以采用多种赛制，场地大小可自由控制，各年龄层次都可以玩，特别适合家长带孩子一起玩。

它具有老少宜、场地易、多乐趣、便携带、很高雅、利健康、花钱少、受众多等优势，纯属大众化、低消费、高品位之新潮流好项目。

如何锻炼我们的身体，强健我们的体魄，提高自身免疫能力，保证健康，巢球将作为亲子活动的家庭运动健身全新模式走进平常百姓。

极具特色的巢球发明先后荣获9项国家专利，先后获全国发明奖、星火杯全国创造发明金奖等，荣列中央十部委联评、颁印的《中华体育健身方法》典籍。

我们的巢球运动既可以妈妈带着孩子玩、老人娱乐玩，也可以成为高端运动。

目前，我们这个项目已经与13家幼儿园、小学合作开展项目推广。

我们在幼儿园举办了巢球比赛活动，在居民小区举办了亲子运动会，小朋友和家长们一起参加巢球比赛，非常开心。

我们运营的主要产品包括举办赛事、推广巢球亲子运动，培养巢球运动群体，出售巢球体育用品；另外，我们还将举办巢球运动员、教练员、裁判员培训班。我们的用户主要是广大城市家庭、幼儿园、幼儿培训机构等。

多年来，社会各界先后以多种方式给予巢球运动极大的勉励和支持，新华社、人民日报、中央电视台等中央和地方17家主流媒体采访报道了巢球运动。

我们的团队核心成员都是在校优秀学生骨干，创新创业好手。

下一步，我们的团队将计划通过举办巢球比赛，进一步推广这项赛事。这是本项目实施近3年的预计收益。

我们将释放10%的股权进行融资。

未来3年，我们将不断扩大合作规模，打造口碑，建立品牌加盟合作机制，形成赛事招商机制，整合资源，将公司从赛事服务渠道转型为基于"互联网+"巢球亲子运动的赛事运营商和信息服务渠道商。

未来，我们有信心将巢球运动打造成为亲子运动健康保健首选运动。

谢谢大家！

（注：本项目2020年获得第九届"挑战杯"广西大学生创业计划竞赛金奖。）

▼ 小测试

选择一个适合你的创新创业项目，制订一份参赛商业计划书。

参考文献

[1] 习近平.习近平谈治国理政：第三卷[M].北京：外文出版社，2020.

[2] 习近平.习近平谈治国理政：第四卷[M].北京：外文出版社，2022.

[3] 习近平.高举中国特色社会主义伟大旗帜 为全面建设社会主义现代化国家而团结奋斗：在中国共产党第二十次全国代表大会上的报告[EB/OL].（2022-10-25）[2022-12-05]. http://www.gov.cn/gongbao/content/2022/content_5722378.htm.

[4] 樊一阳，叶春明，吴满琳.大学生创业学导论[M].上海：上海财经大学出版社，2005.

[5] 库洛特克，霍杰茨.创业学：理论、流程与实践[M].张宗益，译.北京：清华大学出版社，2006.

[6] 王凯，赵毅.创业计划书编写理论[M].北京：北京理工大学出版社，2012.

[7] 谢德荪.源创新[M].北京：五洲传播出版社，2012.

[8] 克莱顿·克里斯坦森，迈克尔·雷纳.创新者的解答：珍藏版[M]. 李瑜偲，林伟，郑欢，译. 3版. 北京：中信出版社，2020.

[9] 徐小洲，梅伟惠.高校创业教育体系建设战略研究[M].杭州：浙江教育出版社，2015.

[10] 王志强，李远煦.理念·结构·功能：高校创新创业教育的组织变革[M]. 北京：社会科学文献出版社，2021.

[11] 王爽，王谢勇，夏洪春.应用型高校创新创业人才培养研究：以"互联网+"大赛为载体[M].北京：经济科学出版社，2022.

[12] 杰弗里·蒂蒙斯，小斯蒂芬·斯皮内利.创业学：第6版[M].周伟民，吕长春，译.北京：人民邮电出版社，2005.

[13] 刘海滨.高校创业教育生态系统构建策略研究[J].中国高教研究，2018（2）：42-47.

[14] 李亚员.创新创业教育：内涵阐释与研究展望[J].思想理论教育，2016（4）：83-87.

[15] 程洪莉."互联网+"背景下高校创新创业教育的实施策略探析[J].国家教育行政学院学报，2017（5）：76-81.

[16] 李德丽，刘俊涛，于兴业.融入与嵌入：创新创业课程体系建设与模式转型[J].高教

探索，2019（3）：30-35.

[17] 许远.高职院校创新创业教育人才培养模式研究[J].职业技术教育，2019，40（2）：61-66.

[18] 钟磊，袁媛.高校创新创业教育的价值定位、现实困境及策略选择[J]. 黑龙江高教研究，2019（4）：121-125.

[19] 陈芳，胡曦，李芳.基于“双创”能力培养的体育应用型人才教育体系的思考[J].武汉体育学院学报，2020（5）：70-77，87.